合子记

陈国桢藏
中国古代瓷盒

上海交通大学
档案文博管理中心 编

上海书画出版社

The Story of the Boxes

Ancient Chinese Porcelain Boxes
Collected by Chen Guozhen

致 辞

合，甲骨文字形多为"合"，或作"合"，或作"合"，上盖下器相合之形，即盒子。在开放式容器上加一个盖子，这个看似简单的组合，却完成了一个伟大的文明进程。盒子逐渐从存储收纳的实用容器，成为更私密和个性的空间，凝聚着百般匠心，归藏了万千故事，亦成为神话传说与艺术创作中常见的母题。

中国传统造物的意境，追求"道以成器，而器以载道"。透过盒子的造型、纹饰与器用，我们可以一窥古人日常生活与审美情趣的变迁，探究人与物、形与神、材与艺、用与美的关系；通过盒子营造的空间关系，我们可以体悟利与用、有与无、实与虚的辩证统一。诚如老子在《道德经》中所言："埏埴以为器，当其无，有器之用。凿户牖以为室，当其无，有室之用。故有之以为利，无之以为用。"解析盒子承载的哲学内核，我们可以追溯兼容并蓄、和而不同的民族精神之根柢。高校与博物馆亦如一个海纳百川的容器，多元的文化与思想在此汇聚交融，启迪着无限的精彩与可能。

时值"5.18 国际博物馆日"前夕，上海交通大学博物馆与浙江省浙东越窑青瓷博物馆、宁波市千峰越窑青瓷博物馆通力协作，精选陈国桢先生收藏中的瓷盒系列举办展览，将中国"合子"的前世今生一一呈现。而展览的契机，源于陈国桢先生慷慨赠予我校的33 件中国古陶瓷，这批跨越西周至宋代的文物系统反映了越窑的发展历程。画册的编印，既是展览的延伸与纪念，也是对先生义举的答谢与致敬。

近年来，我校积极响应国家《"十四五"文化发展规划》要求，践行学校文化引领、文博育人战略，着力推动博物馆可持续、创新性发展。此次展览的举办，是高校博物馆与民营博物馆协同活化与创新文物资源、提升传统文化展示力与传播力的一次重要尝试。以"盒"为媒，广大师生校友和社会公众可以在欣赏优秀传统文化艺术珍品的同时，体悟中华民族的精神世界和审美情怀；以"合"为美，高校博物馆与社会力量的精诚合作，将为文化遗产的研究、诠释、传播与创新赋能，和合相生，美美与共。

上海交通大学党委常委、副校长
张安胜
2023 年 5 月

Foreword

The Chinese character " 合 ", also known as "合", "合" or "合" in oracle bone inscriptions, is a pictograph representing a cover placed on a body to form a box. The seemingly simple operation of adding a cover on an open vessel, however, marked a great achievement in human civilization, which indicated that the box had gradually evolved from an ordinary storage vessel to a private and individualized utensil. Boxes, embodying artisans' craftsmanship and bearing fancy stories, are often the subject recounted in mythologies, legends, and art works.

The classical conception of arts and crafts values both decoration and function. The shape, motif and function of a box betrays the changing aesthetics of ancient Chinese and how they lived a daily life; it also helps reveal the hidden relation between people and vessels, form and spirit, material and craftsmanship, and decoration and function. The sealed space inside a box tells the philosophy of Chinese dialectical unity in being solid and hollow, full and empty, and real and virtual. In the book *Tao Te Ching*, Lao Tsu explained this relation as follows: " A ceramic vessel can hold things because it is hollow inside; a room can accommodate people because its door and windows have been cut out of the walls and nothing left inside. Therefore, things, whether they are present or absent, can both be used." Deciphering the philosophical connotation of box, helps understand the root of our national spirit, an all-embracing harmony in diversity. Universities and museums, are combined to form a vast platform, for people to exchange and gather thoughts from different cultures, while igniting endless wonders and unlimited possibility.

Just before 18 May the International Museum Day, the exhibition "the Story of the Boxes", co-organized by Museum of Shanghai Jiao Tong University (SJTU), Eastern Zhejiang Yue Greenware Museum and Qianfeng Yue Greenware Museum in Ningbo, is inaugurated successfully, showcasing a selection of porcelain boxes collected by Mr. Chen Guozhen. The idea of having this exhibition was triggered by part of its exhibits, that is, Mr. Chen's donation of thirty-three ancient wares to STJU. They, dated Western Zhou to Song Dynasty, provide a panorama view of the Yue Ware evolution. The compilation and printing of this album is not only an extension and commemoration of the exhibition, but also a tribute to Mr. Chen's generous donation.

As a positive response to the *Cultural Development Plan for the 14th Five-Year Period (2021-2025)*, we made concrete practices of the university strategy of cultural guidance and education, and hard pushes to the sustainable and innovative development of museums these recent years. This exhibition is a cooperative try uniting university museums with their private counterparts to activate cultural resources and use them in a new way, so as to improve the exhibition and spread of Chinese traditional cultures. It is our sincere hope that, through these porcelain boxes, the teachers, students, and alumni as well as the public, will feel the power of Chinese spirit and aesthetics while enjoying the beauty of treasures bred by ancient culture and art. Just like that the beauty of a box derives from the perfect match of its cover and body, the study, explanation, spread and innovative use of Chinese cultural heritage will also lie in the good cooperation between university museums and non-government sectors, through which a harmonious, bright future is created.

Zhang Ansheng
Vice President of Shanghai Jiao Tong University
and Member of the Standing Committee of the SJTU
Party Committee
May 2023

致 辞

中国素有"瓷器之国"之称，陶瓷文化源远流长。越窑青瓷以其悠久的制瓷历史、独特的艺术风格和深远的影响力成为其中的杰出代表，一直备受学术界和收藏家的关注。

我与越窑的不解之缘，许是地缘与家学潜移默化的影响，更是一种渗透到血液里的情结。我的家乡在浙江余姚，这里是越窑的主要产地，也是我父亲经营四明山"木粉"（香粉）的逐梦之源。早年家中藏了不少字画和碑帖，也有不少古陶瓷。后来，父亲珍藏的书画散失殆尽，陶陶罐罐则保留了下来，可以说这是我跟古陶瓷的最早结缘。

改革开放以后，出于对家乡文化的热爱与守护，我开启了近四十年的"追寻古瓷、传承瓷脉"之旅，用创业所得收藏了数千件流散各地的古陶瓷。这些器物以越窑为主，也有巩县窑、长沙窑、建窑、德清窑、湖田窑、吉州窑等窑口的产品，涉及壶、罂、盒、水盂、盏托等多个系列。

为了能让更多的人共享这份宝贵的文化遗产，我先后创办了浙江省浙东越窑青瓷博物馆和宁波市千峰越窑青瓷博物馆，通过展览展示、教育活动、图录出版等方式积极弘扬中国陶瓷文化。但我深知，仅凭一己之力，难以让这些文化遗产的研究、诠释和传播最大化，博物馆与科研机构是它们最好的归宿。

2021 年，在从上海博物馆原副馆长陈克伦处得知上海交通大学正在筹建博物馆后，我当即表示愿意捐赠部分珍藏。这是继 2015 年我捐赠故宫博物院 19 件越窑青瓷之后最大的一次捐赠，自西周至宋代的 33 件古陶瓷集中反映了越窑青瓷的发展脉络。其后，双方商定在此基础上，遴选我收藏的 188 件 / 组三国至元代的瓷盒共同举办展览，并出版展览图录，以期更好地展示古代劳动人民智慧的结晶，唤起人们保护文化遗产的意识和责任，共同守护包括越窑青瓷在内的中国优秀传统文化。

在此，谨向为此次展览辛勤付出的工作人员、多年来支持我收藏事业和博物馆建设的朋友们致以诚挚的谢意。

浙江省浙东越窑青瓷博物馆馆长
宁波市千峰越窑青瓷博物馆馆长
陈国桢
2023 年 5 月

Foreword

China has long been known as the Country of Porcelain for its time-honored ceramic culture. Yue greenware, a leading role in the long history of ceramic production, boasts its unique artistic style and far-reach impact on later comers, and has always been basking in the attention from both the academic world and the collectors.

My deep affinity with Yue Ware, a complex of greenware rooted in my blood, is a direct result from family influence and the place where I live. My hometown is located in Yuyao, a county of Zhejiang Province and the major production place of Yue Ware, where my father started his business of wood dust incense. There were quite a few old scrolls, of either painting or calligraphy, rubbings, and ancient ceramics, collected by my father. Those valuable painting and calligraphic works, however, have gone with the times while ceramics have been kept until today. They provided my first concrete experience of ancient porcelain.

After the implementation of reform and opening-up policy in China and out of my love of local culture, I started the journey of gathering ancient ceramics, aiming to help pass on this tangible heritage. I have collected thousands of porcelain wares previously scattering around China, with the money earned from business. This collection consists largely of Yue Ware, supplemented by a few others, such as Gongxian Ware, Changsha Ware, Jian Ware, Deqing Ware, Hutian Ware, Jizhou Ware, and so forth. Their vessel forms covered a large variety including bottle, ewer, ying urn, box, water jarlet, and cup saucer.

To share this cultural heritage with more people, I have established in succession the Eastern Zhejiang Yue Greenware Museum and Qianfeng Yue Greenware Museum in Ningbo, aiming at a promotion of Chinese ceramic culture through exhibitions, education activities, catalogues, and so forth. But I know clearly, that the study, interpretation and introduction of these wares could hardly be pushed to a maxim extent just on my own, and that museums and research institutions are actually their best home.

In the year 2021 when told by Prof. Chen Kelun, the then Deputy Director of Shanghai Museum, that a museum would be founded in Shanghai Jiao Tong University (SJTU), I instantly expressed my willingness to give part of my collection, which is the largest of its kind upon that of the nineteen Yue green wares donated to the Palace Museum in 2015. This SJTU donation consists of 33 porcelain wares that offers a panorama of the evolution of Yue greenware, besides which another 188 pieces/sets of porcelain box, dated from Three Kingdoms to Yuan Dynasty, are also selected out of my collection for this exhibition and catalog, in the hope of better showcasing the fruits of ancient Chinese wisdom, raising our awareness of protecting and preserving cultural heritage, and passing on prized Chinese tradition and culture that includes but not limited to Yue greenware.

Finally, I would like to avail this opportunity to express heartfelt thanks to my colleagues and friends, who have contributed their hard work to this exhibition, helped me with my collection, or established these museums.

Chen Guozhen
Director of the Eastern Zhejiang Yue Greenware Museum
and Director of the Qianfeng Yue Greenware Museum
in Ningbo
May 2023

CONTENTS

目 录

瓷盒小史

—李仲谋—

A brief history of Porcelain Box

By Li Zhongmou

内容提要

　　盒由盖、身两部分共同构成一个闭合的空间，古代多称为"合"。盒是用途最广的日常生活容器之一，用来盛装各种重要、珍贵、私密的物品。作为中国古代瓷器中的一个常见造型门类，瓷盒的出现应是有赖于对其他材质盒类容器的模仿，在其初始阶段的三国两晋南北朝时期，面貌较为单一。唐宋时期，因社会需求大增，瓷盒发展逐渐进入繁荣阶段，南北各地窑口生产了大量釉色不同、造型各异、纹饰多样的瓷盒，以满足各类生活需求，其中以香盒、粉盒最为突出。元明以后，虽亦有短时复兴，瓷盒生产总体趋于衰退，产量下降，形制走向模式化，但釉彩装饰成为古代瓷盒最后发展阶段的亮点。

　　本文追溯古代盒类容器的早期形态，对瓷盒的历史发展作一简要梳理，同时就瓷盒的器用问题进行讨论。

Abstract

　　Box, often called *he* (合) in ancient China, consists of two parts, the body and the cover, to form a sealed space. One of the most widely used daily utensils, box is a container for the storage of various important, precious or private items. An often-seen vessel form among ancient Chinese porcelain wares, it first rose as a replica of boxes made of materials other than porcelain. In its early stage, that is, the period of Three Kingdoms, Western and Eastern Jins, and Southern and Northern Dynasties as well, porcelain box featured few forms. Due to the rapid rise in demand during the Tang and Song dynasties, however, a large number of porcelain boxes were crafted in kilns all over China to meet the consumers' needs, which boasted a variety in colored glazes, vessel forms and motifs, and most of all, incense containers and cosmetics boxes. From the Yuan and Ming dynasties on, despite a short revival, porcelain box encountered a slump in production and its vessel forms became stereotyped, only to find colored glazes the highlight of this final stage.

　　By sorting through early forms of ancient porcelain box, the writer aims to study its evolution and further discusses its various functions.

日常生活中，盒子（或盒）可以说是用途最为广泛的容器之一。今天，每一个人几乎都能够很方便地接触到各类材质、各种造型、各样装饰、大小不等的盒子。这些盒子满足了我们储存各种东西和陈设装饰的需要，在生活和工作中扮演着不可或缺的角色。回顾历史，盒子在我国由来已久。基于上海交通大学博物馆2023年承办的"合子记——陈国桢藏中国古代瓷盒展"，本文拟对中国古代瓷盒的发展历史作一梳理，同时对瓷盒的器用问题略作探讨。

盒子的中国起源

盒子的基本形制就是由盒盖与盒身共同组成的一个闭合式容器。然而，在我国古代，盒子的名称大多数时间并不写作"盒"，而是"合"。"盒"字的使用比较晚。虽然至迟在北宋时期已经出现，但当时的官修韵书《广韵》[1]关于"盒"的释义却是"盘覆"，意为盘盖。而与今天含义相同的"盒"字明确使用的实例，目前最早见于一件元代磁州窑莲纹盒（图1.1）[2]。该盒盖钮两侧以黑彩书有"镜盒"二字。

"合"字早在甲骨文中已经出现，为象形字，像盛物的容器，上部是盖，下部为底。东汉许慎《说文解字》：合，合口也；北宋《广韵》：合，器名；明洪武《正韵》：合子，盛物器。这就是盒子

图1.1　磁州窑白地黑彩莲纹镜盒
元（1271—1368）
高12.2厘米，口径21.5厘米，底径8.5厘米
南京博物院藏

图1.2　黑陶盒
新石器时代晚期　龙山文化（距今约4500—4000年）
高6厘米，口径7.8厘米，底径5.8厘米
中国国家博物馆藏

图1.3　梁姬匾
西周（约公元前11世纪—前771年）
通高11.8厘米，口径8.1厘米，腹深6.2厘米
三门峡市虢国博物馆藏

的本义。从现存实物看，唐、宋时期自铭为"合"或"合子"的盒类器物屡见不鲜，如唐代的"油合""朱合"，宋代的"汪家合子记""吴家合子记"等。明清以后，"合"作为器名才逐渐为"盒"所取代。

作为人们生活中最常见甚至必不可少的一类容器，盒子的出现当在文字记录之前的史前时代。但迄今为止，新石器时代的盒类器物极少发现，仅见距今约四千年的龙山文化晚期的一件黑陶盒（图1.2），为中国盒子现存最早实例。

青铜时代，盒子在以酒器、食器、乐器、兵器等为主的青铜礼器系统中十分少见。河南三门峡虢国墓地2012号墓曾出土有一件西周时期的青铜盒（图1.3），器形小巧，盒身为罐形，由盖内铸铭"梁姬作楈匵"可知，此器应被称为"匵"[3]。匵，即椟，意为匣、盒。楈可能是一种化妆用的香粉。类似的还有山东长清仙人台遗址出土的春秋时期的铜链盒。此外，西周至春秋时期另有一种长方形小铜盒，如山东枣庄小邾国墓地郑君庆夫人媿霝墓和山西晋侯夫人墓（M63）发现的虎钮方盒（图1.4），以及陕西韩城芮国国君夫人芮姜墓（M26）出土的镂空虎足盒。这些方盒当是存放墓主人的随身喜爱之物，比如媿霝墓铜盒出土时内装一组玉器，包括玉玦、玉贝、玉挖耳勺。也有学者认为方盒可能是墓主生前把玩的"弄器"[4]。

西周至春秋战国之际，吴越文化的青铜器中有一类小型带盖铜器，有学者称之为亚腰形铜盒（图1.5）[5]。这种小铜盒有的出土时还

图1.4　青铜虎钮方盒
春秋（公元前770—前476年）
长14厘米，宽11厘米，高7厘米
枣庄市博物馆藏

图1.5　青铜云纹盒
东周（公元前770—前256年）
通高10.8厘米，口径7.4厘米
1965年安徽屯溪弈棋M3出土

图1.6　铜盒（两件）
战国（公元前475—前221年）
上：通高11.8厘米，口径25厘米，重0.94公斤
下：通高11.8厘米，口径25厘米，重1公斤
湖北省博物馆藏

内盛花椒，有的与小刀、砥石、贝壳等放在一处，其性质应属墓主生前贴身之物。

战国时期的铜盒也不多见，更不见上述小型铜盒。湖北的曾侯乙墓曾出土有两件铜盒（图1.6），与两件铜鼎分别套装在一只长方形的漆木食具箱内[6]。枣阳九连墩2号墓另发现有一对簋式铜盒，盒身作簋形，发掘者将其归为盛食器[7]。

既然先秦时期铜盒发现较少，那么作为重要的生活用器，在瓷器产生之前，盒子主要是以何种面貌存在呢？

答案是漆器。

在我国，漆器的出现早于铜器。浙江萧山跨湖桥遗址出土的漆弓是已知最早的漆器，距今约八千年。余姚河姆渡遗址发现有距今七千年的朱漆木碗。商周时期的墓葬中漆器虽所见不多，但彩绘、镶嵌、雕漆、贴金等漆器装饰工艺均已出现。春秋战国至秦汉，漆器工艺技术迅猛发展，漆器继三代青铜器之后，逐渐成为社会崇尚的物质文化的代表。

考古发现表明，漆盒在战国秦汉时期十分流行，尤以西汉为盛，面貌样式丰富多彩。突出者如曾侯乙墓出土的彩漆木雕鸳鸯形盒（图1.7），九连墩1号、2号墓出土的漆木梳妆盒、酒具盒，湖北荆州岳桥4号墓出土的秦代彩绘云鸟纹漆圆盒（图1.8）以及汉代大墓中出土的各式漆盒。在此仅举湖南长沙马王堆西汉墓为例，三座墓葬中共出土了3000余件珍贵文物，其中就有700多件彩绘

图1.7　彩漆木雕鸳鸯形盒
战国（公元前475—前221年）
通高16.5厘米，身长20.1厘米，身宽12.5厘米
湖北省博物馆藏

图1.8　彩绘云鸟纹漆圆盒
秦（公元前221—前207年）
直径23.5厘米，高19.5厘米
上海博物馆藏

漆器，可以说代表了古代漆器的巅峰时代。在这些漆器中，发现有大量盒类容器，包括盛食用的圆奁、圆盒、椭圆形奁，存放耳杯的酒具盒，梳妆用的多子妆奁，以及盛放帛书、医简的书奁等等[8]，应有尽有。

当历史发展到东汉后期，随着瓷器的烧制成功，瓷盒应运而生。盒子的故事开始出现新的篇章。

中国瓷盒小史

瓷器是中国的发明。至迟到东汉晚期，成熟青瓷已经在今天浙江的余姚、慈溪一带烧制成功。由此算起，中国瓷器至少已有一千八百多年的历史；若再上溯到瓷器的源头——原始瓷器，那么中国瓷器的历史最早可以追溯到三千五百年以前。

相应的，中国古代瓷盒的历史向前可以追溯到原始瓷器阶段，向后直至明清。纵观其演变轨迹，大致可以划分为初始、发展、高峰、衰退与改变四个阶段。

1. 瓷盒的初始：从原始瓷到六朝青瓷

原始瓷盒目前仅有少量发现，时代最早者为西周（图2.1）。江苏无锡丘承墩遗址出土有春秋晚期至战国早期仿制青铜礼器的原始瓷盒[9]。西汉原始瓷盒呈现比较一致的造型风格（图2.2），盒盖为覆

图2.1　原始瓷盒
西周（约公元前11世纪—前771年）
高3.6厘米，口径8.2厘米，底径6厘米
中国江南水乡文化博物馆藏

图2.2　原始瓷盒
西汉（公元前206—8年）
通高15.5厘米，口径18.4厘米，足径11.1厘米
中国江南水乡文化博物馆藏

图2.3 朱漆"吴氏槅"
西晋（265—317）
长26厘米，宽18.3厘米，高5厘米
江西省博物馆藏

"吴氏槅"题记

图2.4 德清窑青釉槅
东晋隆安二年（398）
口径26.3厘米，底径25.8厘米，高8厘米
镇江博物馆藏

图2.5 青釉长方多层槅
三国 吴（222—280）
通高14厘米，长25厘米，宽18.5厘米
湖北省博物馆藏

图2.6 瓯窑青釉点彩盒
东晋永和十年（354）
盖口径16.7厘米，盒口径18.5厘米，底径11.8厘米，通高10.5厘米
浙江省博物馆藏

钵形，带圈足形捉钮，为典型的仿同时代漆器之作。

成熟瓷器诞生以后，青瓷烧造进入了第一个高峰，即三国两晋南北朝时期。但是这时的瓷盒仍然较为简单，主要分两类：一种称为"槅"，另一种是带钮盖盒。

"槅"这一器名与实物的对应源自南昌市西晋墓出土的一件长方形漆木盒，其底部以朱书隶体写有"吴氏槅"三字（图2.3）。西晋文学家左思《蜀都赋》曰："金罍中坐，肴槅四陈"，可知槅就是盛装菜肴等食物的盒子。瓷槅完全是模仿生活实用的漆槅而制，其性质应当属于随葬明器。今见有越窑、瓯窑、洪州窑等产品，流行于三国、两晋以及南朝时期的南方地区墓葬中，已知最早的纪年器为浙江嵊州三国吴永安六年（263）墓出土的越窑青瓷圆槅[10]。

瓷槅主要有以下几个特点：

（1）有长方和圆形两种，内部分格不等。

（2）瓷槅均有子口，一般应有盒盖，如镇江东晋隆安二年（398）墓出土德清窑圆槅（图2.4）。以往多不知槅有盖，因此不少研究者未能将槅列入盒子的范畴。

（3）除单层瓷槅外，尚见多层套槅，如湖北武汉钵盂山出土的三国时期长方形带盖多层槅（图2.5）。

带钮盖盒主要为东晋产品，形制与丘承墩遗址出土的原始瓷带钮盖盒有些相似，也应该是食器。已知有明确纪年的实例为浙江永嘉东晋永和十年（354）墓出土的瓯窑点彩盒（图2.6）。

图2.7　湘阴窑青釉印花盒
隋（581—618）
高5.7厘米，口径11厘米，底径9.2厘米
湖南博物院藏

图2.8　相州窑白釉盒（缺盖）
隋开皇十五年（595）
河南博物院藏

2. 瓷盒的发展：隋唐五代

由于考古资料所限和认识不足，以前曾将古代瓷盒的出现时间放在隋代，这当然是不对的。但是，如果从唐宋瓷盒的主流品种香盒、粉盒来看的话，确实是隋代开启了先河，六朝时期原本流行的食盒系统到隋代就中断了。

隋代虽然历史短暂，但在中国陶瓷史上起到了承前启后的作用，为唐代的"南青北白"瓷器生产整体布局（即南方以青瓷为主，北方以白瓷为主）奠定了基础。目前隋代瓷盒所见不多，主要为湖南湘阴窑和安阳相州窑的产品，但特点鲜明，造型一般为圆筒形，平顶直壁，线条硬朗，常有戳印花卉或简单的刻划纹饰。前者以湖南长沙出土的青釉印花盒为典型（图2.7），后者以安阳张盛墓出土的白釉盒为代表（图2.8）[11]。

唐初，瓷盒尚未普遍流行，其风格基本同于隋代。盛唐以后，由于社会经济的发展、对外贸易的繁荣和陶瓷生产的扩大，从皇家到普通百姓，人们对陶瓷盒子的需求大大增加。盛唐时期的墓葬中出土了许多三彩盒；到晚唐时期，南北各地窑场普遍生产瓷盒。如南方的越窑、长沙窑、岳州窑、邛崃窑，北方的邢窑、定窑、巩义窑、相州窑（或安阳窑）、黄堡窑等，主要品种包括青瓷、白瓷、黑瓷以及彩绘瓷，造型纹饰日益丰富多样。

"南青北白"是唐代瓷器生产的总体格局。南方青瓷的产地以位于今浙江地区的越窑为主。唐代越窑青瓷盒目前有大量遗存，从直径仅有2至3厘米的袖珍盒，到直径可达20厘米的大盒，都有生

图2.9　越窑青釉盖盒
唐（618—907）
通高14.8厘米，口径17.6厘米
新加坡亚洲文明博物馆藏

图2.10　越窑青釉球形盒
唐（618—907）
高8厘米，口径7.3厘米
皖西博物馆藏

产。其釉色由于烧造气氛等各种因素的影响，呈现青绿、青灰、青黄、青褐等各种变化，造型不同于隋代至唐初挺直硬朗的风格，变得线条圆润，形制饱满。唐代越窑瓷盒大体有两大类：一类是模仿同时期的金、银、铜盒，盒盖呈弧形鼓起（图版011）。这类瓷盒一般盒体较扁，除圆形外还有带瓜棱者，从盛唐延续到晚唐；另一类是盒体向高处发展的圈足瓷盒（图版007），主要见于晚唐，同时其中一部分开始使用宝珠形盖钮。这类瓷盒在印尼发现的9世纪上半叶"黑石号"沉船中有多个实例（图2.9）。纹饰方面，除素面无纹外，唐代越窑瓷盒流行在盒面上刻划一组四瓣花卉或四叶花卉，或者为三组花卉，亦见鸟纹。大部分是简笔图案，也有比较工细的，当是模仿金银器装饰风格。

近年浙江慈溪上林湖后司岙窑址的发掘揭示了晚唐、五代越窑秘色瓷的基本面貌与生产工艺。窑址中出土的唐代秘色瓷盒[12]，釉色清亮，造型丰富，素面与刻纹者兼而有之，代表了晚唐越窑瓷盒的最高水平。其中的球形盒与安徽六安唐乾符三年（876）卢公夫人墓出土者一致（图2.10），扁圆盒则与浙江临安唐天复元年（901）水邱氏墓出土瓷盒（图2.11）相似。

唐代北方白瓷以位于今河北境内的邢窑为代表。此外，生产白瓷的窑口还有河北的定窑、井陉窑以及河南的巩义窑。目前看到的唐代白瓷盒造型并不多，各窑口最常见的是直壁弧面瓷盒，腹部或浅或深，如上海博物馆藏邢窑"盈"字款白瓷盒（图2.12）。另外也有与越窑类似的带宝珠形盖钮的盒子，以及模仿金银器的海棠、

图2.11　越窑青釉盒
唐天复元年（901）
直径9.4厘米，口径7.9厘米，高4厘米
临安博物馆藏

图2.12　邢窑"盈"字款白釉盒
唐（618—907）
高7.2厘米，口径15.7厘米
上海博物馆藏

图2.13 白釉印花双鸾衔绶纹如意头形盒
唐大中九年（855）
通高4.8厘米，长9.3厘米，宽6.2厘米
忻州市博物馆藏

如意等花式盒，如山西忻州唐大中九年（855）高徽墓出土的白釉印花双鸾衔绶纹盒（图2.13）。装饰方面，唐代白瓷盒以素面为主，有纹饰者较少，除印花盒外，现存有晚唐的巩义窑刻花盒，有花卉、蝴蝶等纹饰[13]，刻划风格与同时期越窑瓷器一致。

唐代的黑釉瓷器产于北方，主要在今河南、陕西等地的窑场。目前能够确认的是陕西黄堡窑生产有黑釉瓷盒，釉色黑亮如漆。

彩绘瓷盒在唐代有多个窑口生产，工艺各异。其中以长沙窑较为突出，该窑的褐绿彩绘盒以褐、绿彩在盖面青釉下描绘各类花卉图案，以四叶花卉纹为常见；同时见有书写文字者，如"油合""花合""大茶合""府"等。而黄堡窑的素地黑彩盒（图2.14）、相州窑的白釉褐彩印花蝶纹盒（图2.15）也颇具特色。

这里还要顺便提一下三彩盒与绞胎盒。今天我们知道唐三彩和唐代的绞胎器并非瓷器，而属于陶器，其实古人对陶和瓷的区别并没有现在这样的认识，三彩和绞胎盒应与其他瓷盒品种一样被使用。已知唐墓中出土了相当数量的三彩和绞胎盒，造型基本一致，均为仿同期金银器形制的直壁弧面圆盒（图版098），低温釉彩有单色、双色和多色之分，制作十分精致。

五代十国仅有短短的几十年，瓷盒生产既继承了唐代的遗风，同时又开启了宋代瓷盒新的方向。目前考古所见这一时期的瓷盒主要就是青瓷和白瓷两个品种，以越窑青瓷和定窑白瓷为代表。从数量有限的墓葬出土的青瓷盒以及越窑遗址出土标本来看，五代瓷盒

图2.14 黄堡窑素地黑彩瓷盒
唐（618—907）
高4厘米 口径7.1厘米 足径4.1厘米
陈国桢藏（图版094）

图2.15 相州窑白釉褐彩印花蝶纹盒
唐（618—907）
高3.6厘米，口径4.5厘米，底径3.6厘米
故宫博物院藏

图2.16　越窑青釉盒
五代天福四年（940）
直径9.6厘米，底径5.7厘米，高3.2厘米
临安博物馆藏

图2.17　越窑青釉倭角套盘
五代天福四年（940）
长14.3厘米，宽14.3厘米，高6.7厘米
临安博物馆藏

图2.18　白釉盒
辽会同四年（941）
通高3.8厘米，盖口径4.9厘米，足径2.6厘米
内蒙古自治区文物考古研究所藏

延续了唐代越窑的烧造工艺和部分造型风格（如深腹圈足盒），但同时也有自己的特点。比如在造型上新出现一种扁圆形盒，盒身为历来最浅者，如浙江临安后晋天福四年（940）康陵出土的越窑青瓷盒（图2.16）。鸟形盒也于此时开始制作。五代后期，细线划花和浮雕莲瓣装饰在越窑兴起，为北宋越窑瓷盒的装饰工艺打开了新的窗口。

在此应指出的是，五代越窑有一种多层套盘（图2.17）[14]，在天福四年康陵和天福七年钱元瓘墓都有出土，器物作倭角方形，盘体较浅，高圈足，无盖。这类器皿的造型应来源于漆器，更早可上溯到唐代的金花银器波罗子（如陕西扶风法门寺地宫出土者），有的出版物将其定名为"套盒"，实误。

一些重要的五代十国时期墓葬和辽代纪年墓葬中出土的白瓷盒较青瓷为多。所处地域跨越南北，包括今日的内蒙古、北京、江苏、湖北、福建等地[15]，基本为定窑产品（图2.18）。造型主要继承唐代风格，盒体一般较深，崇尚朴素，不事雕饰。

3. 瓷盒的高峰：宋代

中国古代瓷盒的发展，至宋代进入极盛时期。这时瓷盒生产遍及大江南北，除国内市场需要外，还大量销往海外。宋代经济与贸易的蓬勃发展是瓷盒生产达至极盛的主要原因。经济繁荣引起城镇化发展迅速，人们对物质生活与精神生活的要求随之提高。唐宋以来，随着"海上丝绸之路"的扩大，大量香料由海外输入中国，香料日益普及，广泛用于日常熏香和化妆品制作。同时，新兴市民阶层特别是女性对自身审美的重视也极大地提升了化妆的需求。这些因素直接推动了社会对盛放香料的香盒与盛装化妆品的粉盒的大量需求。而宋代瓷器生产百花齐放，瓷盒物美价廉，比贵重材料的金银漆玉盒更易获得，因而更受各阶层的青睐。

宋代瓷器烧造窑口林立，各具特色，名品迭出。瓷盒乃日常生活重要用器，几乎所有窑口都有生产。其中以越窑、景德镇窑、耀州窑、定窑、磁州窑等更为突出。

从现存实物来看，越窑的瓷盒生产在北宋进入高峰。五代时期开启的细线划花装饰和浮雕莲瓣纹在宋初主要是10世纪后期大放异彩，龙纹、双凤纹、对蝶纹、莲瓣纹等成为此时最有代表性也是最高级的纹饰，反映在瓷盒上出现了大型的捧盒（图版022）。同类器物在印尼井里汶沉船中也有发现。在此基础上，越窑瓷盒发展出更加丰富多彩的装饰题材，包括植物（如牡丹、莲花、菊花、荔枝、蔓草等）、动物（如龙、凤、雁、鹦鹉、鸳鸯、摩羯等）以及各种花鸟结合的图案（如鹦鹉牡丹、凤衔牡丹、莲池鸳鸯等），雕花、刻花、划花、印花手法无所不用，主辅结合、布局精妙。这些瓷盒的形制以直径在12至14厘米之间的扁圆盒为主（图版025），盒底有平底、圈足、高圈足之别，盖面则按弧度大小分平顶、弧面、馒头形各类。此外，莲花形盒、鸟形盒也是宋代越窑瓷盒的特色造型（图版019）。

以景德镇窑产品为代表的青白瓷盒在宋代最为流行。青白瓷作为瓷器的一个重要品种，在中国南方地区诸多窑口都有生产，包括江西、安徽、浙江、福建、湖北、湖南、广东以及广西等地，其中首推景德镇窑。该窑的瓷盒可以说是宋代的名优产品，量大质精，胎白釉润，涌现出许多专做瓷盒的大型作坊，这些作坊往往在自己的产品底部印上作坊的名字作为商标，如"吴家合子记""许家合子记""汪家合子记"等等，已见有十余家之多。其他比较重要的青白瓷窑有江西南丰窑、安徽繁昌窑、浙江江山窑、福建德化窑等等，它们的产品在当地及附近地区颇具影响，有的还远销海外，比如广东阳江海域"南海一号"沉船中就发现了大量德化窑瓷盒。

从形制上来说，北宋青白瓷盒极为丰富，南宋后期为追求产量，造型相对简单。功能不同，造型各异；但功能相同者亦讲究变化。目前所知有瓜果形（如瓜、梨、桃、石榴）、菊瓣形、花形、扁圆形、圆筒形、方形、六方、八方、鼓形、竹节形、双联盒、三联盒、子母盒、多层套盒等等。由于青白瓷盒普遍尺寸较小，粉盒尤多，因而纹饰题材主要以各种形式的花卉为主，包括折枝、缠枝、朵花、团花等，动物纹很少，所见有双凤纹等。装饰工艺绝大多数为印花。

北宋耀州窑继承了唐代黄堡窑和五代时期优良的制瓷传统[16]，将刻花青瓷工艺发展到极致。其瓷盒产量虽然不及同时期的景德镇窑、越窑那么大，但质量极精，以陕西蓝田吕氏家族墓和西安长安区杜回村孟氏家族墓出土的两套青瓷刻花牡丹纹套盒为代表（图2.19）。另外，鼓形棋盒也是该窑独具特色的产品（图2.20）。金代耀州窑持续生产瓷盒，但整体质量较前期有所退步。

图2.19 耀州窑青釉刻花牡丹纹套盒
北宋（960—1127）
通高7.5厘米；外盖高2厘米，口径8.2厘米；中盖高1.6厘米，直径7.2厘米；
内盖高2.2厘米，直径4.4；盒身高5.8厘米，子口径7.2厘米，底径8.2厘米
陕西蓝田吕氏家族墓出土，陕西考古博物馆藏

图2.20 耀州窑青釉刻花围棋盒
北宋（960—1127）
高9厘米，口径12厘米，底径9.5厘米
陕西历史博物馆藏

宋代定窑在晚唐、五代基础上继续发展，到宋金时期臻于高峰，因其优质瓷胎与精湛的刻花、印花工艺成为所谓的宋代"五大名窑"之一。除烧制白瓷外，定窑还生产黑釉、酱釉、绿釉等各类品种，但目前所见定窑瓷盒基本为白瓷。产品以素面为主，也有刻花者（如花卉、龙纹），造型有带钮碗式盒（如河北定州静志寺塔基出土者）、扁圆形盒、馒头盖盒、"尚药局"铭筒式盒、竹节形盒等等，线条硬朗爽利。

磁州窑是宋代以来中国北方著名民间窑场，装饰工艺极为丰富，烧造同类型产品的窑场广泛分布于北方各地，其中以河北、河南、山西等地最为集中。南方地区受其影响的主要是江西吉州窑。磁州窑类型瓷盒已知有白釉珍珠地划花、白釉剔花、白釉黑彩（图2.21）、白釉绿彩、红绿彩、三彩、黑釉堆线、黑釉铁锈斑以及绞胎等众多装饰品种，常见扁圆形盒、筒形盒、花形盒等宋代典型造型，纹样题材多为花卉。南京博物院所藏磁州窑白地黑彩莲纹镜盒，长期被当作北宋磁州窑产品，近年该博物馆网站将其重新断代为"明"，笔者以为不妥，此盒莲纹绘画风格具有典型的元代特征，当属元代制品，河北峰峰矿区有类似瓷盒残片出土[17]。

在以上窑口之外，宋代汝窑、官窑、钧窑、龙泉窑等几座青瓷名窑亦生产瓷盒，但产量较小甚至很小。至于传统上被列为宋代"五大名窑"之中的哥窑，其产地和时代是学界争论的热点。哥窑至今未发现瓷盒。

汝窑瓷盒未见传世品，但汝窑遗址出土有瓷盒标本，南宋周密

图2.21 磁州窑白釉褐彩牡丹纹盒
金（1115—1234）
通高2.7厘米，口径10.2厘米
山西博物院藏

图2.22 龙泉窑青釉刻花龟凤纹子母盒
北宋（960—1127）
通高4.4厘米，口径12厘米，底径4.7厘米
松阳县博物馆藏

《武林旧事》也记载有"汝窑香合"。根据河南宝丰清凉寺汝窑遗址的发掘报告[18]，汝窑瓷盒现见两种，一是印花莲瓣纹盒，二是印花龙纹盒，直径都接近20厘米。器形硕大，制作精整，具有显著的宫廷用瓷风格。莲瓣纹盒与宋初越窑产品应有密切关联。至于报告中所谓的倭角和圆形"套盒"，也正是继承前述五代越窑套盘并发展而来，不应归入瓷盒系列。

南宋官窑瓷盒可以确认的实例极少，仅见杭州郊坛下官窑遗址出土的盒底标本和老虎洞窑址出土的盒盖标本[19]。一直以来习惯上所说的南宋官窑"套盒"系模仿北宋汝窑而制作，传世品见有台北故宫博物院所藏"葵花式套盒"，老虎洞窑址则出土有不少标本。这些都不是盒，应称为"套盘"。

钧窑瓷盒现存实物亦少，见有国内私人收藏之数件金代天蓝釉直壁圆盒，盖与底的侧面各有一乳钉，为盒盖扣合的标记。河南禹州钧台窑址出土有宋代豆青釉深腹小盒。

龙泉窑瓷盒在两宋时期均有生产，但产量较小。北宋产品为扁圆形，釉层较薄，有刻花。浙江松阳水南乡出土的一件子母盒（图2.22）[20]，盒内另有三个小盅，盖内刻龟、凤各一，十分独特。南宋龙泉窑施粉青厚釉，纪年器见有浙江丽水南宋嘉定壬午年（1222）姜氏墓出土粉盒[21]。

4. 瓷盒的衰退与改变：元明清

相较于宋代瓷盒的巨量社会需求，元代的瓷盒生产明显下降。

图2.23　景德镇窑青花云龙纹砚盒（残）
元（1271—1368）
通高11.4厘米，口径28厘米，底径33厘米
景德镇市陶瓷考古研究所藏

图2.24　景德镇窑青花云龙纹套盒
元（1271—1368）
通高10厘米，口径21.5厘米，足径16.1厘米
河北省文物保护中心藏

其主要原因应是战乱带来的社会经济衰退。这时的瓷器生产也不再像宋代那样各地争奇斗艳，而是逐渐归并到几个大的窑场，如景德镇窑、龙泉窑、磁州窑以及福建地区窑场。尽管如此，仍有一些瓷盒品种可圈可点。

至元十五年（1278），元朝政府在景德镇设立了浮梁瓷局，管理瓷器烧造诸般事宜。在朝廷的推动下，元代景德镇窑继承了宋代的青白瓷，同时发展出新的瓷器品种并发扬光大，为景德镇明清时期成为中国的"瓷都"奠定了坚实的基础。这些新的品种主要是卵白釉瓷、高温蓝釉和红釉、青花以及釉里红瓷器。然而，就瓷盒而言，元代景德镇窑却一改宋代传统，不再大量生产青白瓷盒，目前所见主要为青花等彩绘瓷盒，国内外都有出土。数量虽不多，形制却很丰富，有小圆盒、六棱倭角盒、围棋盒、大砚盒（图2.23）、直筒形盒以及套盒。套盒又分两种：仿漆器的多层套盒和内带槅盘的套盒（图2.24）[22]。纹样包含树木花草、云龙、高士等各类题材。其中景德镇珠山出土的三类五爪龙纹瓷盒（围棋盒、砚盒、直筒形盒）可能是元文宗御用的文房用具，直径达30厘米左右的大砚盒除青花外还有蓝地白花、孔雀绿釉金彩、孔雀绿釉青花等装饰品种。

作为在南宋异军突起的名窑之一，龙泉窑在元代得益于国内外贸易的兴盛，获得了更大的发展。国内外已经出土有大量元代龙泉窑瓷器，但其中瓷盒较少，且品种较为简单。以近年江苏太仓樊村泾元代遗址出土物为例[23]，该仓储遗址是一处元代中晚期的大型瓷器贸易集散地，出土了多达150余吨的以龙泉青瓷为主的遗物，极

图2.25　龙泉窑青釉围棋盒
南宋（1127—1279）
口径8厘米，底径5.9厘米，高7.4厘米
太仓市博物馆藏

图2.26　磁州窑白地黑彩牡丹纹盒
元（1271—1368）
外径18.5厘米
私人收藏

具代表性。其中龙泉窑瓷盒仅见有弧面圆盒、子母盒、围棋盒等有限的几种造型，均为传统形制。子母盒与宋代的区别是在内部三个小盅之间加贴三叉形花叶连袢，围棋盒沿用传统的鼓式造型，但又加了衔环铺首，更似战鼓（图2.25）。浙东越窑青瓷博物馆藏有一件元代龙泉窑青釉印花折枝牡丹纹盒（图版079），梅子青釉青翠欲滴，盖面与盒腹均作圆弧形，饱满圆润，已与宋代龙泉窑典型的直壁弧面圆盒明显不同。

与龙泉窑一样，磁州窑类型各窑口在元代继续繁荣发展，但烧造品种渐趋单一，以白地黑彩为主。产品中盒子亦少，精彩者即以南京博物院所藏莲纹"镜盒"为代表。日本私人收藏中另有一件工艺类似的白地黑彩牡丹纹盒（图2.26）[24]，亦为弧面、直壁、圈足，绘画工整，制作精良。

元代，政府鼓励海外贸易，泉州是当时对外贸易的最大港口。福建地区瓷窑因这一地利之便获得长足发展。这些窑场的产品主要有三类：龙泉窑类型的青瓷、景德镇窑类型的青白瓷以及磁州窑类型的杂釉彩瓷。瓷盒产品主要见于德化窑的青白瓷，形制基本为一致的弧面圈足圆盒，盖面模印各种花卉以及文字等图案，文字见有"金玉满堂""长寿新船"等[25]。另外，近年见有不少黑釉印花圆盒（图版096、097），据说多是出自沉船，时代约为元明时期，当属福建地区的产品，但迄今尚未有窑址出土物可以对照。

明代初年，御器厂在景德镇设立，专为宫廷烧造御用瓷器，龙泉窑此时也受命遵循统一的产品定样为宫廷制瓷。两处官府窑场代

图2.27 景德镇窑釉里红梅竹纹笔盒
明永乐（1403—1424）
通高8.2厘米，长31.8厘米，宽7.2厘米
景德镇市陶瓷考古研究所藏

图2.28 景德镇窑红绿彩云芝纹盒
明成化（1465—1487）
高4.7厘米，口径9厘米，足径6.8厘米
上海博物馆藏

图2.29 景德镇窑青花阿拉伯文盖盒
明正德（1506—1521）
通高7.8厘米，口径16.5厘米，足径16.5厘米
故宫博物院藏

图2.30 景德镇窑青花镂空莲龙纹盖盒
明万历（1573—1620）
高11.2厘米，口径21.7厘米，足径16.3厘米
上海博物馆藏

表了当时最高的制瓷水平。其他曾为明代官廷制瓷的窑场如钧州、磁州、真定府等主要烧制陈设类花器和瓶坛等器，规模亦次之，各地民间窑场则难以望官窑之项背。明代晚期，福建德化窑、漳州窑借对外贸易之利，以它们独具特色的白瓷和大宗外销产品在明代陶瓷史上争得了一席之地。

与其他最常见的生活用瓷如碗盘瓶罐等不同的是，盒子在明初的官窑瓷器生产中似乎成了一个被冷落的对象。从传世品、景德镇珠山御窑厂遗址以及龙泉枫洞岩窑址发掘瓷片看，明初官窑中仅看到少量盒子，如景德镇出土的永乐时期的釉里红笔盒（图2.27）、红釉印花圆盒、黑釉方盒等，其中红釉盒形制继承了前朝传统，笔盒则为新创品种，应是受伊斯兰文化因素影响。之后从宣德至弘治朝，官窑瓷器中只有个别的瓷盒实例，如成化时期的红绿彩瓷盒（图2.28）。直到正德朝，瓷盒才重新多起来，所见有无款青花套盒以及正德年号款阿拉伯文圆盒（图2.29）和长方盒等。此后，官窑瓷盒的生产在嘉靖、隆庆、万历时期达到复兴的高潮，直至万历三十八年（1610）以后景德镇御窑厂大规模烧造结束。

嘉万时期的官窑瓷盒有多种样式，包括圆形、鼓形、方形、长方形、方胜形、环形等等，以青花、五彩瓷器为常见。其中圆盒、鼓形盒为传统形制，已基本形成定轨。以弧面圈足圆盒为例（图2.30），从元代开始，经永乐、成化，到嘉万时期，其盒盖与盒底基本呈上下对称的弧形，盒子的口径与高度之比接近2:1。以后明清时期的此类圆盒均遵循这一样式，有的学者将其称为"扁球形"。

图2.31　景德镇窑青花团龙纹方盒
明隆庆（1567—1572）
连盖高10.4厘米，每边长19.3厘米
上海博物馆藏

图2.32　景德镇窑粉彩描金缠枝花卉八吉祥纹盖盒
清道光（1821—1850）
高6.6厘米，口径13.4厘米，足径8.1厘米
上海博物馆藏

方盒及长方盒是嘉靖到万历朝的流行盒式，尤其是带倭角的遗存甚多（图2.31），这是模仿漆器造型所致。方胜盒与环形盒为新奇之作，后者尺寸硕大，可能是为盛放玉带之类而制。

明代后期，景德镇官窑走向衰落，民窑由于国内外市场特别是欧、亚市场的需求激增而兴盛，在景德镇瓷器生产中占据主导地位。这种情况一直持续到清初景德镇官窑恢复大规模烧造之前。这一时期，由民窑生产的中国瓷器大量外销。从沉船打捞物中可以看到，瓷盒在外销瓷器货物中占有一定分量。以沉没年代约为1643至1646年的印尼海域哈彻沉船（Hatcher Junk）为例，该船共计打捞出约25000件17世纪中国瓷器，其中绝大多数为景德镇瓷器，其余为福建地区窑口产品，包括青瓷、德化白瓷、杂釉彩瓷以及青花瓷。根据荷兰阿姆斯特丹佳士得拍卖行的沉船货物拍卖清单统计，拍卖瓷器总计22178件，其中各式盒子有1812件。这些盒子的尺寸从直径3至4厘米到23厘米不等，5厘米左右最多；形制绝大部分为扁球形，另有圆柱形、椭圆形、方形、长方形、蛋形等；从用途看，主要是药盒、化妆盒、印泥盒及专供东南亚市场的槟榔盒[26]。

清朝建立后，朝廷在明代景德镇御器厂的旧有设施基础上建立起了新的官窑。根据文献记载，官窑在清初顺治时期已经恢复，但并无显著成就。直到康熙十九年（1680）以后，官窑烧造才开始走上正轨。此后，在康熙、雍正、乾隆等历朝帝王的直接关心下，景德镇官窑取得了睥睨前人的巨大成就，中国古代制瓷水平达到了历史的巅峰。清代官窑不仅恢复了明代几乎所有的瓷器品种，仿烧了宋代名窑，而且还创烧了许多新的釉彩品种，特别是通过引入西洋原料与工艺烧成的珐琅彩、粉彩装饰工艺，为清代瓷器的蓬勃发展打开了新的天地。而在官窑体系之外，清代民窑瓷业也得益于国内市场和欧洲市场的扩大，同样取得了巨大的发展。但是到清代晚期，伴随社会经济的衰弱，景德镇制瓷业渐趋衰退。

具体到瓷盒在清代的发展，简单而言大体有这样几个特点：

（1）瓷盒烧造在清代并未得到特别重视，官窑产量较小，可能是因为清代宫廷更喜好使用各式漆盒；

（2）清代瓷盒形制上沿袭前朝传统，少有创新。造型渐趋程式化、单一化，扁球形盒成为瓷盒样式主流，从清初到清末基本没有变化（图2.32）；

图2.33 景德镇窑粉彩云龙纹盖盒
清光绪（1875—1908）
高24厘米，口径39厘米，足径23.1厘米
上海博物馆藏

（3）瓷盒在清代的发展在于釉彩装饰的丰富，如豇豆红釉、紫金釉、松石绿釉、仿漆釉、珐琅彩、粉彩等等，不一而足；

（4）清末光绪朝一度流行大型瓷盒，独具特色（图2.33）；

（5）为满足国内民间市场和亚洲市场需求，清代民窑瓷盒生产较多，以印盒、香盒、粉盒、药盒为主要用途。但欧洲市场对瓷盒需求较小。

以上，笔者对中国古代瓷盒的发展轨迹作了粗浅梳理，从中可以看出，瓷盒的发展既是一个渐进的过程，又因为社会需求的变化而有起伏。元代以前，不同窑场的瓷盒各具特色，在其他贵重材质盒子的影响下，瓷盒的形制、纹饰题材富有变化；元代以后，由于窑业生产的集中化倾向，瓷盒的形制渐趋统一和模式化，至清代成为定制，但其装饰工艺随技术发展而更加丰富。

瓷盒的器用问题

器用是瓷盒研究中历来关注的问题，以往已有一些研究与论述，但难点是在名与实的印证。一般来说，判断一件古代器物的功用，主要通过这样一些可靠的直接或间接依据：即器物自身铭文、出土原始状态、同时代图像对照以及文献记载等。盒子是日常生活中用途最广的容器，如无以上证据，很难确定一件有着数百甚至上千年历史的盒子在其所处时代的具体功用。此外，正如今天我们在生活中会将盒子用于盛装各类适合的物品，古人亦会存在同样的情况。在物品相对匮乏的古代，"一盒多用"可能更是当时常有的现象。

以下，在前人研究成果的基础上，就中国古代瓷盒的器用作一简要整理。

1. 食盒、果盒

指盛装菜肴、点心或果品等食物的盒子。古代瓷盒中比较明确的有这样几种食盒：

（1）榼：见于三国两晋南北朝时期，有长方榼和圆榼之分、单层榼和多层套榼之别。按使用习惯，推测长方榼应以盛菜肴、点心为主，圆榼则多盛果品。西晋左思《娇女诗》曰："并心注肴馔，端坐理盘榼"，表现的正是晋代用榼的情形。不过，此处应明确指

图3.1 山西岚县丁家沟元代壁画墓(M1)墓室北壁宴饮图，左侧侍女手持捧盒。

图3.2 长沙窑釉下绿彩"大茶合"铭盒盖
唐（618—907）
盖高3.5厘米，口径9.7厘米
私人收藏

出，瓷榼仅为模仿实际生活中使用的漆榼，墓葬所出均为随葬明器，以表达古人"事死如事生"的丧葬观念。

（2）捧盒：唐以后历代均有。基本形制为大圆盒，直径达20厘米以上，器形硕大，盒体较重，用时需双手捧起，故名。例如唐代"黑石号"沉船出水的白釉绿彩大圆盒、北宋越窑青釉双凤纹大盒与莲瓣纹大盒、北宋汝窑莲瓣纹大盒、明万历青花五彩果盒、清乾隆及光绪粉彩大果盒等等。宋元时期的墓葬壁画中常有描绘，在墓主人宴饮场景中，一侧侍女双手捧一只大盒以随时提供果品点心（图3.1）。瓷器捧盒当是仿制漆盒而来。

（3）槟榔盒：见于17世纪青花和德化白瓷等外销瓷，哈彻沉船、头顿沉船中均有发现，专供东南亚市场。槟榔盒一般为椭圆形或者长方形，内分两格，分别装槟榔和蚌灰。嚼食时将两者用扶留叶包裹，放入口中慢慢咀嚼。

2. 茶盒

指盛放茶饼、茶末或茶叶的瓷盒，形制难以固定。唐代人认为将茶贮于陶器，可防暑湿。国内私人收藏中有一件唐长沙窑圆盒，盒盖上以绿彩写有"大茶合"三字（图3.2）。宋代茶盒的实例为陕西蓝田吕氏家族墓出土的耀州窑青釉刻花圆筒形盒。据陕西考古博物馆专家研究，该墓地发现有关于宋代点茶、烹茶、散茶等三种饮茶方式的所有器具，其中的筒形茶盒为储存点茶的茶末所用。另外，西安长安杜回村北宋孟氏家族墓中出土了一套耀州窑刻花牡丹

图3.3 耀州窑青釉刻花牡丹纹子母圆套盒
北宋宣和五年（1123）
直径18厘米，高8.2厘米；小盒直径7.4厘米，高6.2厘米，底径6.8厘米
陕西考古博物馆藏

纹子母圆套盒（图3.3），形制为大圆盒内置三只小筒形盒，筒形盒的造型与吕氏家族墓茶盒相同。

3. 药盒

指盛放药品的盒子。唐代药盒最著名的例子就是西安何家村窖藏出土的多件金、银盒子，所装药品主要有光明砂、丹砂、琥珀、乳香等，盒子造型为唐代典型的扁筒形。瓷盒中十分流行模仿这一样式，可见此类瓷盒亦可作药盒。

在宋代瓷盒中，目前直接的药盒证据有两种：

北宋定窑"尚药局"铭文瓷盒：定窑窑址出土有标本，浙江省博物馆藏有一件完整器（图3.4），盒为筒形，盖面刻三爪龙纹，盒盖、盒底外壁分别刻有"尚药局"三字。由此可知，这必然是北宋晚期掌管宫廷医药供奉的专门机构——尚药局的定烧药盒。该局为"六局"之一，其余为尚食、尚衣、尚舍、尚酝、尚辇等五局。

北宋吕氏家族7号墓出土白釉药盒：直壁扁圆形，为典型定窑产品。墓主为北宋名相吕大防的孙女吕倩容，据墓志言死于"足弱之疾"，即脚气。其陪葬的白瓷盒中有粉末状和块状残留物，经研究分析为复方药物，成分包括轻粉和钟乳。轻粉可有效治疗水肿和二便不利，钟乳石用以治疗病人的腰脚疼痛无力等。因病人病情和发现的复方药物药效一致，可以确定该药物用于墓主人生前服以治疗足弱病[27]。

图3.4 定窑白釉"尚药局"款暗刻龙纹盒
北宋（960—1127）
高7厘米，口径7.3厘米，底径5厘米
浙江省博物馆藏

图3.5 定窑白釉盒
北宋（960—1127）
口径10厘米
定州市博物馆藏

图3.6 越窑青釉盖盒
唐（618—907）
高9.8厘米，腹径10.2厘米，底径5.1厘米
定州市博物馆藏

图3.7 玻璃釉书红彩盒
唐（618—907）
口径9.2厘米，高5厘米，足径7厘米
深圳望野博物馆藏

此外，明末清初哈彻沉船中发现有数百件直径约5厘米的扁球形小圆盒，据荷兰学者研究，为盛放药丸的盒子。

4. 舍利盒

指用来装殓、供奉佛或高僧大德舍利的盒子。"舍利"原意为遗骨，实际上古代舍利供奉中也常以玛瑙、水晶等珍贵材质的颗粒作为造作舍利，以代替遗骨之类的真身舍利。供奉舍利的瓷盒现见于北宋太平兴国二年（977）河北定州静志寺塔基出土的定窑白瓷盒（图3.5），带伞型盖钮，盒中原装有玛瑙颗粒，即为造作舍利。塔基内还有一件基本同形的定窑白瓷盒和另一件类似形制的越窑青釉宝珠钮盒（图3.6），应当均为舍利盒。有一点要说明的是，此越窑青瓷盒已确定为晚唐产品，而非宋代。

另外，陕西临潼唐代庆山寺佛塔地宫出土有一件白瓷宝珠钮盖盒，有学者研究认为其为唐代邢窑产品，是一件具有高级别宗教礼仪供奉的器物，有作为舍利容器的可能性[28]。类似造型的盒子还见有唐代黄堡窑黑釉瓷盒和巩义窑三彩陶盒。

5. 珍宝盒

指用来盛放金、银、珠、玉、琥珀等贵重物品的盒子。深圳望野博物馆藏有一件唐代的玻璃釉盒（图3.7），盒盖内以红彩书"金银瑠璃真珠虎魄等珍宝"，盒内残留有金箔、琉璃等微粒[29]。不过，这些"珍宝"在唐代亦可作丹药使用。

6. 香盒

指用来盛放树脂香料或合香制作的香丸、香饼的盒子。扬之水对中国古代香盒做过比较系统的研究，她明确提到的瓷质香盒有定州静志寺塔基出土的定窑白瓷香盒（图3.8）、宋青白瓷瓜棱香盒以及日本茶道中风行的"交趾香合"[30]。其中定窑香盒的盖内壁有墨书题记，写有三位施主姓名及各自施香数量；青白瓷瓜棱盒可与日本西大寺藏南宋刻释迦牟尼说法图中所绘瓜棱香盒进行对照；"交趾香合"是福建平和田坑窑17至18世纪的产品，装饰工艺为素三彩，造型多为取自动植物的象生瓷，专为外销而制作。

图3.8　定窑白釉香盒
北宋（960—1127）
口径10.6厘米
定州市博物馆藏

图3.9　黄地粉彩梅鹊纹盒
清同治（1862—1875）
高4厘米，口径7.3厘米，足径5.2厘米
故宫博物院藏

香盒是瓷盒中的主要类别之一，唐宋时期尤其如此，因其价廉较金银玉石等香盒自然更加普及。一般来说，与另一类大宗瓷盒——化妆品盒相比，为适合使用，香盒的尺寸会更大更深。以此模糊标准来判定古代瓷盒的功用当不至于大错。因此，那些隋唐五代时期的深腹瓷盒、宋代的瓜形盒、莲瓣盒、桃形盒、梨形盒、石榴形、鸟形盒、花形盒等大多应属于香盒范畴。

还有一件特别造型的香盒值得关注。北宋吕氏家族墓出土的圆柱形夹层套盒（图2.19），外形为圆柱形，内夹有一碟，但底部留孔，另用一小盖盖住圆孔。据研究其为窨香用的盒子。窨香是宋代合香的最后一道工序，即将调制的合香放入瓷盒，埋入地下半月到一月左右之后，再拿出烧香。

7. 梳妆用盒

用来梳妆的各类盒子的总称。梳妆用品有多种，依其盛装物品不同，盒子可分为以下几类：

（1）粉盒

粉盒用来存放粉、黛、朱等化妆品（胭脂盒不单列，亦归入此类）。粉为白色，用于敷面；黛为黑色，描眉画眼；朱为红色，用朱砂或胭脂涂唇、抹脸、点额。

粉盒也是古代瓷盒的主要类别之一。一般来说，粉盒较小较浅。那些数量较多、直径5至6厘米以下的浅腹瓷盒大多应是粉盒，比如宋代青白瓷菊瓣纹印花小盒，多地女性墓葬都有出土。粉盒除了单体盒子之外，还有其他几种不同形式的变化，如宋元时期的双联鸟形盒、三联瓜果盒以及子母盒，别具巧思。三联盒与子母盒的使用方法是一样的，即在三个小盒或内部三个小盅内分别盛放白粉、青黛、胭脂或朱砂。可以说这是古人更加智慧的化妆品盒的设计，比单体的粉盒、黛盒、朱盒要方便的多。

现存有自带名称的粉盒实例，例如唐代巩义窑的朱盒，在盒盖黄釉下刻有"朱合"二字；南宋吉州窑的粉盒，在盒盖上以釉下黑彩书有"粉合/尹家个十分"，意思是尹家制作的粉盒十分好。

清代瓷质粉盒也有可与文献记载对应的，如同治皇帝大婚瓷器中的粉盒。同治六年（1867）朝廷颁发的瓷器烧造纸样中明确列有"二寸见元粉盒四件……一寸见元胭脂盒四件"，故宫现藏有二寸见

图3.10 长沙窑青釉褐彩盖盒
唐（618—907）
通高6.0厘米，底径10.2厘米
上海博物馆藏

图3.11 越窑青瓷划花云鹤纹套盒（残）
北宋咸平三年（1000）
通高20.5厘米，口径11厘米，腹径14厘米，足
径10.5厘米
河南省文物考古研究所藏

元粉盒实物（图3.9）。

（2）油盒

油盒用来盛放梳发用油。现存有多件唐代长沙窑自铭油盒，以褐彩或绿彩在盖面书写"油合"二字（图3.10）。油盒的突出特征就是盒口内敛，以防止油脂外溢，因此较易确认。唐代造型常见直壁弧面深腹盒，个别在腹部外壁加一个管状流，或者在盒口刻一小缺口，便于倒油。

（3）花盒

花盒用来盛放女性的头饰花朵、花钿。但目前仅见一例瓷盒，为唐代长沙窑自铭花盒，盖顶以釉彩书有"花合"二字[31]。

（4）镜盒

镜盒用来盛装铜镜。前述南京博物院所藏元代磁州窑白地黑彩莲纹盒，自带墨书"镜盒"二字，是迄今最为确切的镜盒。据其形制和尺寸，通过进一步研究，我们发现北宋越窑青瓷中应有一定数量的镜盒。目前虽无瓷盒与铜镜一起出土的确凿证据，但这批瓷盒直径一般都在12至14厘米之间，盒面呈弧形拱起，部分突出如馒头（图版183），这些特征似乎都不符合一般的香盒、粉盒之用，而与宋代流行的铜镜规格比较匹配，盖面拱起可能是为镜钮提供空间。福州南宋咸淳八年（1272）许峻墓出土的银鎏金葵瓣式盒可资参考，该盒出土时盒内装有一面同形铜镜。

（5）妆奁

妆奁用来收纳多种梳妆用具。古代多用漆器，战国时期已经有了漆奁，之后历代持续不断，模仿漆器而作的瓷质妆奁出现于宋代，以河南巩义北宋咸平三年（1000）太宗元德李皇后陵出土的越窑青瓷划花云鹤纹套盒为代表（图3.11）。盒分三层套叠，中间两层较浅，底层较深。可资比较者有福州茶园山南宋端平二年（1235）墓所出堆红漆八方三层奁盒以及福州南宋淳祐三年（1243）黄昇墓出土黑漆葵瓣式三层奁盒。

元青花瓷器中亦有妆奁，如上海博物馆所藏葵瓣式三层套盒（图3.12），上层较浅，下面两层较深，可资比较的是上海青浦元代任氏家族墓出土的黑漆葵瓣式大奁（图3.13），不同之处在于黑漆奁多了一层，且底为圈足。

还有一种简化的妆奁，所装梳妆用具较少，但便于携带，就

图3.12　青花莲池鸳鸯纹套盒
元（1271—1368）
通高23.3厘米，口径18.5厘米，足径13.5厘米
上海博物馆藏

是在普通的单层盒内另置一碟形夹层，外观却不易看出。宋代有银质（如上文许峻墓出土的葵瓣式盒内即有一同形夹层），也有瓷质。

8. 文房用盒

用于盛放文具或娱乐用具的盒子。依其用途分为以下几类：

（1）印泥盒

盛装印泥的盒子应当由来已久，但可考的实物很难见到。迄今最早的瓷质印泥盒为陕西蓝田吕氏家族墓出土的北宋定窑白釉盒（图3.14），盒中尚留有红色印泥。盒为直壁扁圆形，盒体较浅，便于蘸取印色。四川遂宁金鱼村南宋窖藏中有一件青白瓷印花双凤纹盒，亦为直壁扁圆盒（图3.15），虽未见使用痕迹，但结合窖藏中同出多件精致的文房用具以及盒子的形制来判断，此盒应属于印泥盒。

元明清时期的印泥盒形制较为一致，基本为浅浅的扁球形，成为印泥盒定制，直至今日。

（2）笔盒

瓷质笔盒所见较早为景德镇珠山出土的明代永乐釉里红梅竹纹笔盒。盒为长方椭圆形，内分为大小不等的三格，但每格的开口形状各异，分别为莲瓣形、圆形和半月形，具有浓郁的伊斯兰装饰风格，盒子用法有待研究。清代乾隆朝仿制了此类笔盒，现存有粉彩和青釉制品，只是细节略有不同。明代万历

图3.13　黑漆莲瓣形奁
南宋-元（1127—1368）
直径27.2厘米，高38.1厘米
上海博物馆藏

图3.14　定窑白釉印泥盒
北宋大观四年（1110）
通高3.3厘米，盖径8厘米，口径7厘米，腹径7.8厘米，底径3.6厘米
陕西考古博物馆藏

时期流行青花、五彩长方笔盒（图3.16），用于盛放毛笔，与永乐样式不同。

（3）砚盒

景德镇珠山出土的元代青花大砚盒虽是特例，但形制当是与宋代澄泥辟水砚有渊源，如果进一步向上追溯，两晋瓷器中就有三足辟雍盖砚，从这一角度，似乎称之为"盖砚"更为合适，因器物核心还是在砚，而非盒。

（4）围棋盒

用于盛装围棋子的盒有时会被叫做"围棋罐"。盒一般均作鼓形，为模仿战鼓而制，暗含棋战对弈的寓意。瓷质围棋盒出现于北宋，确凿实例为陕西耀州窑遗址出土的青釉刻花盒，同出者有9枚棋子。宋元明时期，瓷质围棋盒基本形制未变，但鼓钉装饰等细节有所简化。

以上，笔者就目前掌握的有限资料，对古代瓷盒的器用做了以上八个类别的梳理归纳，期望能够得出更多明确的结论，但在比较分析的过程中，感到这个想法过于简单化。如果仅仅按照一些个例就试图归纳总结，往往会陷入片面的误区。瓷盒虽是陶瓷史研究中的一个小主题，但其涉及的研究材料十分庞杂，历史内涵非常丰富，关于瓷盒的名物对照仍然是一个艰难探索的过程。

图3.15　景德镇窑青白釉双凤纹盒
南宋（1127—1279）
通高4.2厘米，盖径9.6厘米，盒口径8.2厘米，
底径8.8厘米
四川宋瓷博物馆藏

图3.16　景德镇窑五彩龙凤纹笔盒
明万历（1573—1620）
通高8.9厘米，长29.9厘米，宽11.1厘米
上海博物馆藏

注 释

1 《广韵》，全称《大宋重修广韵》，北宋时代官修韵书。大中祥符元年（1008），由陈彭年、丘雍等奉旨在前代韵书的基础上编修而成。

2 此盒时代以往定为北宋，现南京博物院官网改为"明"，其实应以"元"为宜。

3 李零：《说匲——中国早期的妇女用品：首饰盒、化妆盒和香盒》，《故宫博物院院刊》2009年第3期。

4 陕西省考古研究院、震旦艺术博物馆编：《芮国金玉选粹——陕西韩城春秋宝藏》，三秦出版社，2007年，第239页。

5 俞珊瑛：《浙江出土商周青铜器研究》，浙江人民美术出版社，2021年，第150页。

6 湖北省博物馆：《曾侯乙》，文物出版社，2018年，第177页。

7 深圳博物馆、湖北省博物馆编：《剑物楚天——湖北出土楚文物展图录》，文物出版社，2010年，第66页。

8 湖南省博物馆编：《长沙马王堆汉墓陈列》，中华书局，2017年。

9 王屹峰：《中国南方原始瓷窑业研究》，中国书店，2010年，第204页。

10 浙江省博物馆编：《青色流年——全国出土浙江纪年瓷图集》，文物出版社，2017年，第41页。

11 《安阳隋张盛墓发掘记》，《考古》1959年第10期。

12 浙江省文物考古研究所、慈溪市文物管理委员会编：《秘色越器——上林湖后司岙窑址出土唐五代秘色瓷器》，文物出版社，2017年。

13 阎焰主编：《盛世和平——"一带一路"下的唐代文物》，广西美术出版社，2017年，第85页。

14 浙江省博物馆编：《青色流年——全国出土浙江纪年瓷图集》，文物出版社，2017年，第207、215页。

15 福建省博物馆等：《唐末五代闽王王审知夫妇墓清理简报》，《文物》1991年第1期；江苏省文物管理委员会：《五代·吴大和五年墓清理记》，《文物参考资料》1957年第3期；武汉市文物考古研究所等：《武汉市武昌区梅家上五代超惠大师墓发掘简报》，《江汉考古》2016年第4期；内蒙古文物考古研究所等；《辽耶律羽之墓发掘简报》，《文物》1996年第1期；北京市文物工作队：《北京南郊辽赵德钧墓》，《考古》1962年第5期。

16 有学者认为五代耀州窑的白胎青瓷产品应属后周时期的"柴窑"，至今已有大量研讨，但尚未形成定论。

17 河北博物院编：《瓷海拾贝——河北古代名窑编本展》，河北美术出版社，2018年，第99页。

18 河南省文物考古研究所：《宝丰清凉寺汝窑》，大象出版社，2008年。

19 邓禾颖主编：《南宋官窑》，浙江摄影出版社，2009年，第34页；杜正贤主编：《杭州老虎洞窑址瓷器精选》，文物出版社，2002年，第171页。

20 朱伯谦主编：《龙泉窑青瓷》，艺术家出版社，1998年，第119页。

21 浙江省博物馆编：《青色流年——全国出土浙江纪年瓷图集》，文物出版社，2017年，第276页。

22 上海博物馆编：《幽蓝神采：元代青花瓷器特集（修订本）》，上海书画出版社，2012年，第184页。

23 苏州市考古研究、太仓博物馆编：《大元·仓：太仓樊村泾元代遗址出土瓷器精粹》，上海古籍出版社，2018年。

24 大阪市立美术馆编：《白と黒の競演：中国·磁州窑系陶器の世界》，2002年，第95页。

25 张柏主编：《中国出土瓷器全集11·福建》，科学出版社，2008年，第162页。

26 Colin Sheaf and Richard KIlburn, *The Hatcher Porcelain Cargos - The Complete Record*, Phaidon - Christie's Limited, 1988.

27 龚钰轩等：《北宋吕氏家族墓研究——吕倩蓉疾病及其用药考证》，《考古与文物》2020年第4期。

28 张菊芳，刘令贵：《丝路名物考——唐庆山寺佛塔地宫盖纽式白瓷盒研究》，《中国陶瓷》2020年4月。

29 阎焰主编：《大唐之美——一带一路背后的器用》，文物出版社，2017年，第74页。

30 扬之水：《香合》，《古诗名物新证》（一），紫禁城出版社，2004年。

31 孙机：《中国古舆服论丛》，文物出版社，2001年，第240页。

前　言
Introduction

盒者，有盖有身，合二为一，组成一个封闭的空间，古称为"合"或"合子"，取其闭合、聚合之义。盒可以说是用途最广的日常器具之一，用来盛装各种重要、珍贵、私密的物品，茶食丹药、香粉朱黛、金玉细软、笔墨印色、闺阁心事，物物皆可入盒，事事皆成开合。空与用，开与合，在这看似简单的容器里，蕴藏着古人朴素的生活智慧，亦成就了一个精彩纷呈的大千世界。

本次展览遴选陈国桢先生所藏 188 件 / 组三国至元代瓷盒精品，通过合之始、合之形、合之色、合之文、合之用五个单元全景展示元代以前中国古代瓷盒的主要发展轨迹与基本面貌，反映古代制瓷工匠的高超技艺和艺术审美，探究小小瓷盒背后丰富的文化与历史内涵，弘扬中国古代物质文化的博大精深。

A box consists of two parts, the body and the cover, to form a sealed space. In ancient Chinese, it is called *he* (合) or *hezi* (合子) after the characters' literal meaning "close" or "get together". One of the most widely used daily utensils, box is a container used for the storage of various important, precious or private contents, such as tea foods, medicine, cosmetics, jewelries, literati's treasures including brushes, ink stick, seals and pigments, and ladies' diaries as well. Either empty or filled, open or closed, the simply-structured vessel has not only embodied the homespun wisdom of ancient Chinese but also constituted a marvelous world of wonders.

This exhibition showcases 188 pieces (sets) of finely crafted porcelain boxes in the collection of Mr. Chen Guozhen, spanning more than eleven centuries from Three Kingdoms to Yuan Dynasty. The whole exhibition falls into five chapters: the origin, shapes and forms, glazes and colors, motifs and decoration methods, and functions as well. It provides visitors with the evolution of pre-Yuan porcelain boxes in craftsmanship and aesthetics, digs out their rich cultural and historical connotations, and thus helps understand the profound material culture in ancient China.

第一单元

Chapter I

合之始

The Origin

中国古代关于盒的制作和使用目前据所见实物最早可追溯到新石器时代晚期龙山文化的黑陶盒。两周之际，见有收纳玉器首饰的铜匲、盛放化妆用品的铜奁、保存食物的铜盒等。从秦汉开始，物质生活的发达极大地推动了各种盒子的创造和制作，尤其是漆盒已完全融入了贵族生活的各个环节。根据现有考古资料，瓷盒至迟出现在三国时期，其形制是模仿同时期盛放水果、点心或饭菜的漆槅，有圆槅和长方形槅两种。六朝时期，瓷槅持续流行，主要产于越、瓯、洪州诸窑。其他形式的瓷盒目前发现很少。

The earliest concrete example of Chinese box is a black pottery one dated Longshan Culture, the late Neolithic period. Zhou Dynasty saw a variety of bronze vessels including *du* to hold jades, *lian* for cosmetics, and *he* for food. In the Qin and Han dynasties, the boom of material life gave a great boost to the design and production of boxes, especially lacquer boxes which prevailed in almost every aspect of the then aristocratic life. Archaeological findings indicate that porcelain boxes appeared no later than the Three Kingdoms, moulded after lacquer partitioned boxes, either round or rectangular, to hold fruits, snacks or meals. In Six Dynasties, porcelain partitioned boxes, mainly fired in the Yue, Ou and Hongzhou kilns, kept going strong in market while the other forms were found very few.

越窑青釉长方槅（缺盖）
Rectangular partitioned box partially coated in green glaze (cover missing)
Yue Ware

三国（220—265）
高2.9厘米 长20.1厘米 宽13.9厘米
—
Three Kingdoms (220-265)
H. 2.9cm, L. 20.1cm, W. 13.9cm

　　槅呈长方形，有子口，盖已失，内分一大格八小格。通体施青釉，剥釉较严重，底部可见十余个放射状条形支烧痕。

　　槅又称多子盒，内部分成多格，数目不等。1974年江西南昌东湖区永外正街晋墓出土一件形制类似的长方形漆器，内有七方格，底部朱漆隶书"吴氏槅"，故名。青瓷方槅主要流行于三国两晋南北朝时期。除单层方槅外，还见有多层方槅。1956年湖北武汉三国吴墓曾出土有青瓷长方多层套槅。

002 越窑青釉圆槅（缺盖）
Round partitioned box in green glaze (cover missing)
Yue Ware

东晋（317—420）
高3.3厘米 口径18.6厘米
底径17.6厘米
—
Eastern Jin (317-420)
H. 3.3cm, Dia. 18.6cm,
Base Dia. 17.6cm

　　槅呈圆形，缺盖，子口，平底。器正中为小圆盘，外周用槅档分为扇形七格。灰胎，施青绿釉，釉不及底，可见一周条形支烧痕。青瓷圆槅流行于三国至南朝时期，常为内圈三格、外圈七格，此件槅中部为圆形，较前者为少。浙江嵊州浦口镇大塘岭三国吴永安六年（263）墓出土有一件类似的越窑青瓷圆槅，为目前所见时代最早的实例。

003 洪州窑青釉圆槅（缺盖）
Round partitioned box in green glaze (cover missing)
Hongzhou Ware

南朝（420—589）
高3.5厘米 口径13.8厘米
底径14.4厘米
—
Southern Dynasties (420-589)
H. 3.5cm, Mouth Dia. 13.8cm,
Base Dia. 14.4cm

　　槅呈圆形，无盖，子口，平底。内分九格，中心三等分，外周六等分。施青釉，满布细小冰裂开片，底部露胎。

　　此件青釉圆槅为土黄色胎，釉色偏黄褐，系江西洪州窑产品。洪州窑从东汉晚期开始，历三国至五代，约有800年历史，以烧造青瓷、青绿釉瓷为主，釉色呈黄褐或灰青色，唐代陆羽《茶经》曾有"洪州瓷褐"的描述。

越窑青釉点彩盒
Box with splashed brown decoration in green glaze
Yue Ware

东晋（317—420）
高13.5厘米 口径20.8厘米
底径12.7厘米
—
Eastern Jin (317-420)
H. 13.5cm, Mouth Dia. 20.8cm,
Base Dia. 12.7cm

　　此类盒有称"盖碗"或"盖钵"者，原始瓷中已有类似形制。盒盖与身以子母口相合，盖呈拱形，半环形钮，盒身敞口，弧腹，浅圈足。除盖内与器底露胎外，通体施青釉，盖面及盒身内壁均匀装饰褐色点彩，盒身外壁刻划两组双弦纹。

　　1958年浙江永嘉县东晋永和十年（354）纪年砖墓中曾出土一件形制类似的青瓷点彩盒，唯盖钮作蘑菇形，属瓯窑产品。

合之形

Shapes and Forms

物之变化，应时之宜。唐宋时期，随着海上丝绸之路的通行，海外香料的大量输入以及人们生活习惯、审美情趣的变化激发了对盒类贮藏器的需求，价廉物美、造型多样的瓷盒在南北各地广泛生产。盛唐以前的瓷盒简洁而饱满，多仿当时金银器造型。至晚唐、五代盒形向高低两个方向发展，或扁或深，器足渐高外撇。宋代是瓷盒生产的极盛时期，因匠心或功能的不同，造型更为多样，有几何造型者，如圆形、六棱、八棱等；亦有模仿各类动植物自然形态者，如鸟形、花形、瓜果形、竹节形；更有结构复杂的双联、三联、多层套盒等。

　　The shape of the boxes changes with the times. In the Tang and Song dynasties, the success of maritime transport let floods of overseas incense into China, thus to change people's lifestyle and aesthetic tastes, and trigger the need of storage boxes. Boxes made of porcelain, known for good price, nice design and various shapes, were crafted and fired widely in China. Before the High Tang period, boxes imitated gold and silver wares while in the Late Tang and Five Dynasties, their shape split into being either tall or short, with the ringfoot made higher and more splayed than before. Song Dynasty witnessed the zenith of porcelain box production, which boasted a wide variety of shapes crafted to the then aesthetic taste or functions: some were of geometric shapes - round, hexagonal or octagonal; some imitated fauna and flora, such as birds, flowers, fruits or plants (bamboo joints); others had more complicated structures, such as being stacked, nesting, or with double or triple chambers conjoined.

定窑白釉印花鱼纹海棠形盒

Crabapple flower-shaped box with moulded
fish design, coated in white glaze
Ding Ware

唐（618—907）
高4厘米 长9.1厘米 底长4.7厘米
—
Tang (618-907)
H. 4cm, L. 9.1cm, Base L. 4.7cm

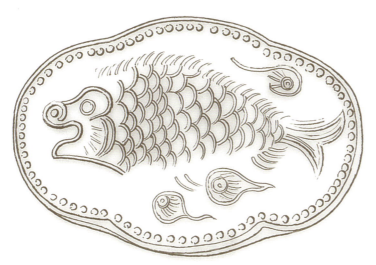

盒呈海棠形，器形较扁，子母口，椭圆形矮圈足。盖面模印一卷唇怪鱼及三朵云纹，外围一周联珠纹。胎质细腻坚致，除盖内及底外，通体施白釉。

此盒为唐代定窑模仿同时期金银器形制和装饰的产品。唐代的中国金银器工艺受西亚多曲形金属器皿的影响，多见海棠式造型，应用于碗、盘、盏、盒等器。南北各地瓷器多有模仿。盒盖上的印花装饰也是模仿金银器的捶揲工艺，尤以联珠纹最具代表性。

006

越窑青釉划花花卉纹盒
Green glazed box with incised leaf design
Yue Ware

唐（618—907）
高3.2厘米 口径5.6厘米
—
Tang (618-907)
H. 3.2cm, Mouth Dia. 5.6cm

007

越窑青釉盒
Green glazed box
Yue Ware

唐（618—907）
高7.5厘米 口径9厘米
足径4.8厘米
—
Tang (618-907)
H. 7.5cm, Mouth Dia. 9cm,
Foot-ring Dia. 4.8cm

深腹圈足瓷盒为晚唐常见形制，但此盒盖面
呈覆盏形，平顶，较少见。

越窑青釉盒
Green glazed box
Yue Ware

唐（618—907）
高5.6厘米 口径8.6厘米 底径4.3厘米
—
Tang (618-907)
H. 5.6cm, Mouth Dia. 8.6cm, Base Dia. 4.3cm

盒为子母口，盖面隆起，转折处饰凹弦纹，盒身弧腹内收，矮圈足。

此盒为唐代越窑典型造型之一，考古多有发现。1998年印度尼西亚勿里洞岛海域"黑石号"沉船就出水了相同形制的越窑青瓷盒，为9世纪前期产品。

009

越窑青釉刻花花卉纹盒
Green glazed box carved with floral design
Yue Ware

唐（618—907）
高3.7厘米 口径6.6厘米 底径3.2厘米
—
Tang (618-907)
H. 3.7cm, Mouth Dia. 6.6cm,
Base Dia. 3.2cm

　　盒为子母口，盖面微隆，平底。盖面中心饰四瓣花卉，四周辅以花叶，线条流畅，刻划洒脱。釉面光润，口沿及器底有多处支烧痕。

010

越窑青釉刻花草叶纹盒
Green glazed box carved with leaf design
Yue Ware

唐（618—907）
高4.9厘米 口径6.8厘米 足径3.7厘米
—
Tang (618-907)
H. 4.9cm, Mouth Dia. 6.8cm,
Foot-ring Dia. 3.7cm

　　盒为子母口，盖面微隆如伞状，设宝珠形钮，钮外一周凹弦纹将盖面划分为内外两个区域，内刻四瓣花卉纹，外刻四片菱形草叶纹。矮圈足，足端可见大面积粘砂。

　　1975年浙江宁波和义路唐代码头遗址出土有一件相同形制的越窑瓷盒，只是尺寸较大，光素无纹。

011

越窑青釉盒
Green glazed box
Yue Ware

唐（618—907）
高9厘米　口径16.4厘米
—
Tang (618-907)
H. 9cm, Mouth Dia. 16.4cm

盒盖与身以子母口扣合，盖面隆起，线条饱满，折肩处有弦纹一道。盒身直腹，平底，器物通体施釉，青中泛黄，器身光素如满月，盖沿与盒底可见呈环形分布的点状支烧痕。这种盒子造型为典型的盛唐至晚唐时期风格，见有金、银、铜、漆、陶、瓷等多种材质。

012

越窑青釉盒
Green glazed box
Yue Ware

唐（618—907）
高6.2厘米 盖径10.1厘米
足径5.5厘米
—
Tang (618-907)
H. 6.2cm, Lid Dia. 10.1cm,
Foot-ring Dia. 5.5cm

  盒为晚唐常见瓷盒造型，子母口，但盖面较平，盒身子口内敛较深，一侧开有三角形缺口。内外施青釉，釉面斑驳不匀。

  唐代长沙窑亦生产此类形制的青釉盒，盖面以褐彩书"油合"二字，可知是专门用来盛装发油的盒子。盒身设计成小口水盂状，是为防止盒内油脂洒溢。此件越窑盒的三角形缺口则是便于使用时倒出发油。

013 **越窑青釉盒**
Green glazed box
Yue Ware

五代（907—960）
高3.7厘米 口径10.5厘米
底径6.5厘米
—
Five Dynasties (907-960)
H. 3.7cm, Mouth Dia. 10.5cm,
Base Dia. 6.5cm

盒呈扁圆形，子母口，盖面较平，直壁，平底略凹。灰胎，通体施青釉，光素无纹，釉色青绿匀净，底部见有十个支烧痕。

2008 年浙江临安锦城街道五代同光四年（926）墓出土有一件相同形制的越窑青黄色釉瓷盒，可与此作比较。

014 **越窑青釉盒**
Green glazed box
Yue Ware

五代（907—960）
高4.5厘米 口径9.3厘米
底径4.9厘米
—
Five Dynasties (907-960)
H. 4.5cm, Mouth Dia. 9.3cm,
Base Dia. 4.9cm

015 越窑青釉盒
Green glazed box
Yue Ware

五代（907—960）
高6.1厘米 口径9厘米
足径5厘米

—

Five Dynasties (907-960)
H. 6.1cm, Mouth Dia. 9cm,
Foot-ring Dia. 5cm

子母口，盖面隆起，顶略平，盒身斜直壁，圈足。灰胎，通体青釉，足端有垫烧痕。

1978年浙江宁波慈城出土有相同形制的越窑瓷盒。

016 越窑青釉斗笠形盒
Green glazed box in conical hat shape
Yue Ware

五代（907—960）
高5厘米 口径9.2厘米
底径3.4厘米

—

Five Dynasties (907-960)
H. 5cm, Mouth Dia. 9.2cm,
Base Dia. 3.4cm

盒盖与身均为斗笠形，子母口，上下对称如蚌壳相合，盖为平顶，身为平底。内外通体施青釉，唯盖、身口沿及器底有垫烧痕。笠式器常见于碗、盏，瓷盒中较为少见。

越窑青釉划花莲纹盒
Green glazed box with incised lotus design
Yue Ware

五代（907—960）
高6.8厘米 口径8厘米
足径3.6厘米

—

Five Dynasties (907-960)
H. 6.8cm, Mouth Dia. 8cm,
Foot-ring Dia. 3.6cm

　　器呈苹果形，造型圆润饱满。盖钮作果梗形，盖、身子母口扣合，圈足。灰胎，施青釉，裹足支烧。盒盖刻划莲花莲蓬纹、荷叶纹各两组，两两对称。线条流畅，气韵生动。这类造型的瓷盒目前所见很少。

越窑青釉刻花花卉纹盒
Green glazed box carved with floral design
Yue Ware

五代—北宋（907—1127）
高7.1厘米　外径8.8厘米
足径5.1厘米
—
From Five Dynasties to Northern Song (907-1127)
H. 7.1cm, Dia. 8.8cm,
Foot-ring Dia. 5.1cm

　　器作油盒用，造型饱满。盒盖为覆钵形，平顶，以两周凸弦纹将盖面分为三区，自上向下两区分别饰四出花卉和卷草。盒身作水盂状，子口内敛，鼓腹下收，圈足略外撇。整器灰胎，施青釉，底有五处长条支烧痕。

越窑青釉刻花花卉纹盒
Green glazed box carved with
floral design

越窑青釉刻花双头凤鸟形盒

Green glazed box with carved design of
two-headed phoenix
Yue Ware

五代—北宋（907—1127）
高10.5厘米 长15.1厘米
—
From Five Dynasties to Northern Song (907-1127)
H. 10.5cm, L. 15.1cm

　　此盒的盖为古代原物，盒身为现代依据同类考古资料后配。盒整体作双头凤鸟形，似悠然凫于水中，盖、身扣合处即为水面。"水面"以上，凤鸟勾喙，顶有三角，一前两后，双翼贴于两侧，凤尾高翘，辅以四根卷曲的尾羽；

"水面"以下，腹下双足似在划水。

　　五代至北宋前期越窑流行动物装饰，除龙、凤、蝴蝶、鹦鹉等纹饰外，也生产仿生造型的器物。此盒极具巧思，形象生动，工艺精湛，是一件不可多得的瓷艺佳作。

越窑青釉刻花鸳鸯形盒

Green glazed box in the shape of
a mandarin duck
Yue Ware

五代—北宋（907—1127）
高9.6厘米 长10.3厘米
—
From Five Dynasties to Northern Song (907-1127)
H. 9.6cm, L. 10.3cm

　　盒呈鸳鸯形，盖与身以子母口扣合。盒盖部
分塑造鸳鸯的头、颈、背、翼、尾等，盒身则为
腹部及足。以细线划花技法表现羽毛形态，描绘
精细，栩栩如生。通体施青绿色釉，釉质光润，
盖、身口沿可见点状支烧痕，底部有四个条状支
烧痕。

　　1991年浙江上虞下管镇同郭村曾出土一件越
窑青瓷鸳鸯形砚滴，其雕塑风格及细节刻划与此
盒类似，但鸳鸯作欢快鸣叫状，动感强烈，别具
神采。

021 白釉绿彩印花菱花形盒

Moulded flower-shaped box with green decoration in white glaze

五代—北宋（907—1127）

高4.5厘米　口径6.5厘米

足径5.9厘米

—

From Five Dynasties to Northern Song (907-1127)

H. 4.5cm, Mouth Dia. 6.5cm,

Foot-ring Dia. 5.9cm

盒作菱花形。盒盖模印而成，盖顶饰有四瓣花卉，其下为凸弦纹三道；盖身对应盒盖做出相应的菱弧；下设外撇高圈足，底印"李"字长方框款。除器底及口沿外，盒整体施白釉，开细小纹片，釉层有剥落，盖顶花卉及盒盖凹棱处点涂绿彩，浓淡不一。

此盒为模仿金银器之作。陕西扶风法门寺唐代地宫发现的菱花式高圈足鎏金银盒，可资参考。与此接近的白釉绿彩印花瓷盒1959年在湖南长沙北郊龙坑子曾有出土，盒底印"张"字款，应为作坊主或工匠的姓氏标记。

越窑青釉划花双凤纹盒

Green glazed box with incised design of
paired phoenixes
Yue Ware

北宋（960—1127）
高26.1厘米　口径25.9厘米
足径16.8厘米
—
Northern Song (960-1127)
H. 26.1cm, Mouth Dia. 25.9cm,
Foot-ring Dia. 16.8cm

盒经修复。盒体基本作球形，下设外撇圈足。灰白胎，釉色青灰，釉面润亮。盒盖自上至下分为三条装饰带，以细线划花工艺依次装饰凤穿菊花和两组缠枝花卉；盒身上部饰卷草纹。

此盒器形硕大，制作规整，纹饰精美，应为盛装果品、点心等的捧盒，为北宋时期越窑瓷器的罕见佳作。

越窑青釉刻花牡丹纹盒
Green glazed box carved with peony design
Yue Ware

北宋（960—1127）
高4.1厘米 口径12.9厘米
足径6.5厘米
—
Northern Song (960-1127)
H. 4.1cm, Mouth Dia. 12.9cm,
Foot-ring Dia. 6.5cm

盒为扁圆形，子母口，挖足。盖面微隆，刻折枝牡丹纹，刀法遒劲娴熟。器身下腹斜折，灰胎施青釉，足内可见垫烧痕。

宋代的这类直径十几厘米的扁圆形瓷盒，通常是作为盛放铜镜使用的。

越窑青釉印花莲纹盒
Green glazed box with moulded lotus design
Yue Ware

北宋（960—1127）
高4.1厘米 口径8.6厘米
—
Northern Song (960-1127)
H. 4.1cm, Mouth Dia. 8.6cm

盒为扁圆形，子母口，平底。盖面微隆，中心模印莲花一枝，周饰莲叶，仿佛随风摇曳。灰胎，通体施青釉，器底有五个块状支烧痕。

越窑青釉刻花团花纹盒

Green glazed box carved with
flower medallion
Yue Ware

北宋（960—1127）
高3.9厘米　口径12.4厘米
足径10厘米

—

Northern Song (960-1127)
H. 3.9cm, Mouth Dia. 12.4cm,
Foot-ring Dia. 10cm

　　盒为子母口，外撇圈足。盖面微微隆起，满
饰团花纹，瓣脉用细线刻划，颇为精致。灰胎青
釉，釉面光润，足内可见六个呈环形分布的长条
支烧痕。

越窑青釉刻花凤纹盒

Green glazed box carved with
phoenix design
Yue Ware

北宋（960—1127）
高5.4厘米 口径12.8厘米
足径9.5厘米
—
Northern Song (960-1127)
H. 5.4cm, Mouth Dia. 12.8cm,
Foot-ring Dia. 9.5cm

　　盒为平顶，子母口，外撇高圈足。盒盖
分为两个装饰区，内区为刻花凤纹，外区为
划花卷草纹。灰胎施青褐色釉，足内见环形
垫烧痕。

027 越窑青釉划花对蝶纹盒

Green glazed box with incised design of
paired butterflies
Yue Ware

北宋（960—1127）
高5.9厘米 口径14.2厘米
足径7.5厘米
—
Northern Song (960-1127)
H. 5.9cm, Mouth Dia. 14.2cm,
Foot-ring Dia. 7.5cm

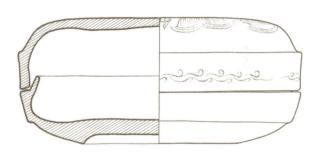

　　盒为扁圆形，子母口，挖足。盖面隆起，以细线划花工艺装饰对蝶纹，盖沿外壁则为草叶纹。灰胎施青绿色釉，胎质细腻，釉面光润，足内可见六个长条形支烧痕。

　　对蝶纹在北宋前期十分流行。内蒙古通辽市奈曼旗辽开泰七年（1018）陈国公主墓出土有一件越窑青瓷对蝶纹花口盘，与此盒纹饰一致。

越窑青釉刻花鹦鹉牡丹纹盒

Green glazed box with carved design of
parrot and peony
Yue Ware

北宋（960—1127）
高7.2厘米 口径14厘米
足径10.2厘米
—
Northern Song (960-1127)
H. 7.2cm, Mouth Dia. 14cm,
Foot-ring Dia. 10.2cm

　　盒为馒头形盖，子母口，外撇高圈足。
盖面以弦纹分割为内外两个装饰区，内区
饰刻花鹦鹉牡丹纹，外区以细线刻划交叠
的羽毛纹。灰胎施青绿色釉，足内可见环
形垫烧痕。

　　馒头形盒为北宋越窑的典型瓷盒范式
之一。

越窑青釉刻花莲蓬纹盒

Green glazed box with carved design of
lotus seedpod
Yue Ware

北宋（960—1127）
高13.5厘米　口径17.9厘米
足径11.8厘米
—
Northern Song (960-1127)
H. 13.5cm, Mouth Dia. 17.9cm,
Foot-ring Dia. 11.8cm

盒为圆顶直壁，子母口，圈足外撇，制作
规整。盖面中心圆环内戳印九个圆圈，代表莲
蓬，周围以浅浮雕技法饰以双层莲瓣纹，简洁
而饱满。灰胎施青绿色釉，釉质匀净光润，圈

足内可见六处长条形支烧痕。

此类大圆盒也是北宋典型盒式之一，多见
于越窑产品。

越窑青釉刻花莲瓣纹盒

Green glazed box carved with
lotus petal design
Yue Ware

北宋（960—1127）
高8.5厘米 口径9.7厘米
底径4.8厘米
—
Northern Song (960-1127)
H. 8.5cm, Mouth Dia. 9.7cm,
Base Dia. 4.8cm

盒整体作花苞形，子母口，挖足。盖钮呈花梗状，盒盖与盒身以刚劲有力的刀法雕刻莲瓣纹，似两朵盛开的莲花仰覆相映，富有田园意趣。灰胎青釉，釉质清亮，足内可见环形垫烧痕。

刻花莲瓣纹盒在北宋时期的青瓷、青白瓷较为流行，精粗不一，尤以越窑产品为突出。

越窑青釉刻花莲瓣纹盒

Green glazed box carved with lotus petal
Yue Ware

北宋（960—1127）
高5.6厘米 口径7.6厘米
底径4.8厘米
—
Northern Song (960-1127)
H. 5.6cm, Mouth Dia. 7.6cm,
Base Dia. 4.8cm

盒作深腹圆身，子母口，挖足。盒盖如一朵
怒放的莲花，盖钮为花梗，周围雕刻三层莲瓣，
第一层瓣尖微翘，独具特色；盒身光素无纹。盒
灰胎，施青绿色釉，足底有垫烧痕。

032 **越窑青釉刻花花卉纹盒**
Green glazed box carved with floral design
Yue Ware

北宋（960—1127）
高4.4厘米 口径7.6厘米 足径4.8厘米
—
Northern Song (960-1127)
H. 4.4cm, Mouth Dia. 7.6cm,
Foot-ring Dia. 4.8cm

　　子母口，矮圈足。一周凸弦纹将盖面分为内外两圈，内圈刻划蝴蝶结状花卉纹，外圈用四道竖线分成四块，分饰如意形朵花。

盒身口沿外壁亦装饰错落的花卉纹。刻花自然随性，逸笔草草。通体施灰青色釉，足底有支烧痕。

033 **越窑青釉刻花菊瓣纹盒**
Green glazed box carved with
chrysanthemum petal
Yue Ware

北宋（960—1127）
高4.8厘米 口径9厘米 底径4.4厘米
—
Northern Song (960-1127)
H. 4.8cm, Mouth Dia. 9cm,
Base Dia. 4.4cm

　　盖面微凹，中心刻两周凸弦纹组成一圆，两侧各刻十余道对称弧线，形似两朵侧向盛放的菊花，纹饰独特。足底釉下可见螺旋形修坯痕。

景德镇窑青白釉菊瓣形盒

Bluish-white glazed box with
moulded design of chrysanthemum petal
Jingdezhen Ware

宋（960—1279）
高4.8厘米 口径9厘米
底径6.4厘米
—
Song (960-1279)
H. 4.8cm, Mouth Dia. 9cm,
Base Dia. 6.4cm

　　盒呈菊瓣式，盖与身均模制，盖顶下凹，花梗钮，
周饰花蒂。器盖与器身皆有一道弦纹，以模仿金银器
的口沿。除底部外通体施青白釉，积釉处呈青绿色。
外底模印"□家合子记"，首字难以辨认。带铭记的
盒子在宋代景德镇窑的产品中比较常见，是不同作坊
在各自产品上所作的标记，以起到广告宣传的作用。

035

青白釉菊瓣纹盒
Bluish-white glazed box with moulded design of chrysanthemum petal

宋（960—1279）

高6.1厘米 口径7.1厘米 底径4厘米

—

Song (960-1279)

H. 6.1cm, Mouth Dia. 7.1cm,

Base Dia. 4cm

此盒形制较为少见，呈球形，花梗形钮，挖浅圈足。盖面刻螺旋式菊瓣纹，盖身外壁刻平行斜线，与盖面菊瓣呼应。整体犹如一朵盛开的菊花，造型圆润饱满，玲珑可爱。灰白胎，青白釉不到底。

1984 年安徽繁昌县 50 万伏电站出土有一件宋代繁昌窑青白瓷蒂钮盒，盖与盒身均刻划斜旋纹，与此盒较为接近。

036

青白釉印花菊瓣形盒
Bluish-white glazed box with moulded design of chrysanthemum petal

宋（960—1279）

高4.5厘米 口径8.3厘米 底径6.2厘米

—

Song (960-1279)

H. 4.5cm, Mouth Dia. 8.3cm,

Base Dia. 6.2cm

037

青白釉菊瓣形盒
Bluish-white glazed box with
moulded design of chrysanthemum petal

宋（960—1279）
高3.7厘米 口径5.6厘米 底径4.1厘米

—

Song (960-1279)
H. 3.7cm, Mouth Dia. 5.6cm,
Base Dia. 4.1cm

038

青白釉印花花卉纹
菊瓣形盒
Bluish-white glazed box with
moulded design of
chrysanthemum petal

宋（960—1279）
高5.4厘米 口径8.9厘米
足径6厘米

—

Song (960-1279)
H. 5.4cm, Mouth Dia. 8.9cm,
Foot-ring Dia. 6cm

　　盒呈菊瓣式，盖与身分别模制而成，盒身无子口，盖内另贴一周泥条用以加固口沿。盖面顶部平整，中心印折枝花卉纹。盖、身近口沿处各有一道弦纹，模仿同时期金银器特征。除底部外通体施青白釉，足底有一周糊米色垫烧痕。

越窑青釉划花卷草纹环形盒
Green glazed, donut-shaped box incised with classic scroll
Yue Ware

北宋（960—1127）
高3.4厘米 外径6厘米
—
Northern Song (960-1127)
H. 3.4cm, Dia. 6cm

　　盒呈圆环形，盒盖与身以子母口扣合，盖面下凹、盒底上凸各成一圆管，上下对接紧密。盒盖饰双弦纹，内以细线刻划卷草纹，外为四组开光花卉。灰胎施青釉，剥釉严重。

　　1988年黑龙江省阿城金代齐国王墓出土有两只环形小盒，形制与此瓷盒相同，但一为骨质，外径4.8厘米；一为角质，外径4.6厘米。两盒分别与玉坠一起用丝绳系于男性墓主人的佩巾和勒帛上。出土时盒内均残留有白色香粉，可知是作为随身香盒使用，圆环便于穿系。

青白釉印花花朵纹盒

Bluish-white glazed box with moulded floral design

宋（960—1279）
高2.6厘米 最大径3.9厘米
底径2.6厘米
—
Song (960-1279)
H. 2.6cm, Max Dia. 3.9cm,
Base Dia. 2.6cm

盒器型小巧，盖径较盒身略大，模印整朵花卉纹。盒身直壁，平底无足。白胎施青白釉，釉色莹亮，外底及口沿处未施釉。

2001年浙江长兴县雉城镇高山岭亭子山

宋墓出土的一件青白瓷盒与此造型相似，但外径为7.9厘米，出土时与青白瓷熏炉伴出，应作为香盒使用。

青白釉盒

Bluish-white glazed box

宋（960—1279）
高4.2厘米 口径6.1厘米
足径3.5厘米
—
Song (960-1279)
H. 4.2cm, Mouth Dia. 6.1cm,
Foot-ring Dia. 3.5cm

042

白釉印花双凤纹葵花形盒
White glazed, flower-form lobed box with moulded design of paired phoenixes

宋（960—1279）
高3.3厘米　口径7.9厘米
底径6.6厘米
—
Song (960-1279)
H. 3.3cm, Mouth Dia. 7.9cm, Base Dia. 6.6cm

　　盒呈扁圆形，盖面呈八瓣葵花形，
盒身为圆形，下腹略收，平底。盖面模
印一组相向飞舞的双凤。1996 年浙江德
清德新公路刘桥段宋墓出土的一件青白
瓷双凤纹粉盒与此造型相同，大小相若。

043

景德镇窑青白釉瓜形盒
Bluish-white glazed box in melon shape
Jingdezhen Ware

宋（960—1279）
高5厘米　口径7.3厘米
底径5.3厘米
—
Song (960-1279)
H. 5cm, Mouth Dia. 7.3cm,
Base Dia. 5.3cm

　　器呈十二瓣瓜棱形，模制而成，盖顶
下凹，有瓜蒂钮，圈足亦为瓜棱。青白釉，
釉质莹润，积釉处呈青绿色，足底有米糊
色垫烧痕。制作规整精巧，为景德镇湖田
窑佳作。

044

白釉竹节形盒
White glazed box in bamboo joint shape

宋（960—1279）
高4.9厘米 外径7厘米 底径3.8厘米
——
Song (960-1279)
H. 4.9cm, Dia. 7cm, Base Dia. 3.8cm

　　盒呈两段竹节形，馒头式盖，圈足。白釉不及底，胎釉结合不好。竹节形器在宋代较为流行，常有节节高升之寓意。河北定州北宋静志寺塔基出土有定窑七段竹节形盒。

045

越窑青釉刻花凤纹八棱盒
Green glazed octagonal box with carved design of flower and phoenix
Yue Ware

宋（960—1279）
高5.4厘米 口径9.7厘米
足径6.6厘米
——
Song (960-1279)
H. 5.4cm, Mouth Dia. 9.7cm,
Foot-ring Dia. 6.6cm

　　盒呈八棱形，盖与身均为直口，下部斜收，高圈足外撇。盖面刻凤鸟花卉纹，盒身外口沿饰一周卷草纹，腹下刻八朵简笔花卉。通体施青绿色釉。外底可见长条形支烧痕。

　　此八方造型应是借鉴宋代漆器所制，口沿及转折处的凸弦纹与漆器并无二致。虽未见造型完全相同者，但福州北郊茶园山南宋端平二年（1235）宋墓出土的堆红漆八方三层套盒可作参考。

046

德化窑青白釉印花牡丹
纹八棱盒
Bluish-white glazed octagonal box
with moulded peony design
Dehua Ware

宋（960—1279）
高5.2厘米 口径11.4厘米
底径9.3厘米
—
Song (960-1279)
H. 5.2cm, Mouth Dia. 11.4cm,
Base Dia. 9.3cm

盒盖与身均呈八棱形，平底内凹。盖面有一
道圆形凸弦纹，内印折枝花卉，外饰四组卷草纹。
白釉光润，足底未施釉。
福建德化县碗坪仑窑址出土有此类标本。

047 青白釉印花折枝梅纹六棱盒

Bluish-white glazed hexagonal box with moulded design of plum blossom spray

宋（960—1279）
高4.7厘米 口径7.5厘米
底径5.3厘米
—
Song (960-1279)
H. 4.7cm, Mouth Dia. 7.5cm,
Base Dia. 5.3cm

　　盒呈六棱形，盒盖微隆，盒身直壁，腹下斜收，平底。盖面印折枝梅花，清新素雅。灰白胎，釉色偏青，下部及底无釉，底部有长方形垫烧痕，颇为特别。

048 青白釉刻花莲纹盒

Bluish-white glazed box carved with lotus design

宋（960—1279）
高5.3厘米 外径7.4厘米
足径5厘米
—
Song (960-1279)
H. 5.3cm, Dia. 7.4cm,
Foot-ring Dia. 5cm

　　盒为斜直壁，矮圈足。盖顶饰花梗钮，盖面以双线刻莲纹，共同构成一朵盛开的莲花。青白釉不及底。
　　带花梗形盖钮的瓷盒为宋代常见造型。

049　**青白釉印花盆花纹盒**
Bluish-white glazed box with moulded
design of potted flower

宋（960—1279）
高2.9厘米　口径4.9厘米
足径2.5厘米
—
Song (960-1279)
H. 2.9cm, Mouth Dia. 4.9cm,
Foot-ring Dia. 2.5cm

　　盒呈扁圆形，饼形足。盒盖饰弦纹一
周，内印盆花纹，外饰平行细线，盒身亦
然，当是从印花菊瓣式盒简化而来。灰白
胎，釉色白中闪青，下腹及底无釉。

050　**青白釉盒**
Bluish-white glazed box

宋（960—1279）
高4厘米　口径4.7厘米
底径2.4厘米
—
Song (960-1279)
H. 4cm, Mouth Dia. 4.7cm,
Base Dia. 2.4cm

　　盒器型较小，盖平顶，直壁，深腹，
平底，素面无纹。造型与北宋定窑白釉"尚
药局"铭药盒相似，为宋代瓷盒流行样式
之一。

051 # 青白釉印花草虫纹子母盒
Bluish-white glazed nesting box with moulded design of plant and insects

宋（960—1279）
高4.5厘米 口径9厘米
底径8.8厘米
—
Song (960-1279)
H. 4.5cm, Mouth Dia. 9cm,
Base Dia. 8.8cm

　　盒外形为平顶、直壁，平底略内凹，内有三个碗形粉池，分装粉、黛、朱等脂粉。灰白胎，内外皆施青白釉，底无釉。盒盖模印折枝花卉，枝叶精致，叶脉宛然，旁饰蜜蜂一只，生动盎然。

　　子母盒为宋代流行式样，南北各地均有生产。

越窑青釉堆塑莲纹三联盒

Green glazed triple box with
applied and moulded design of lotus
Yue Ware

北宋（960—1127）
高5.1厘米 长8.3厘米
—
Northern Song (960-1127)
H. 5.1cm, L. 8.3cm

　　器由三个相同的圆形小盒相连组成，中留空
洞。盒盖隆起呈圆弧状，盖顶堆塑莲蓬与莲叶，
梗茎交缠，盖面刻莲瓣纹。盒身为子口，弧腹。
灰胎，施青釉，平底无釉。此盒造型生动别致，
应作妆盒用，三个小盒分别放置粉、黛、朱等脂粉。

青白釉点褐彩鸟形双联盒

Bird-shaped double box with brown decoration in bluish white glaze

宋（960—1279）
高5.6厘米 长7.6厘米
—
Song (960-1279)
H. 5.6cm, L. 7.6cm

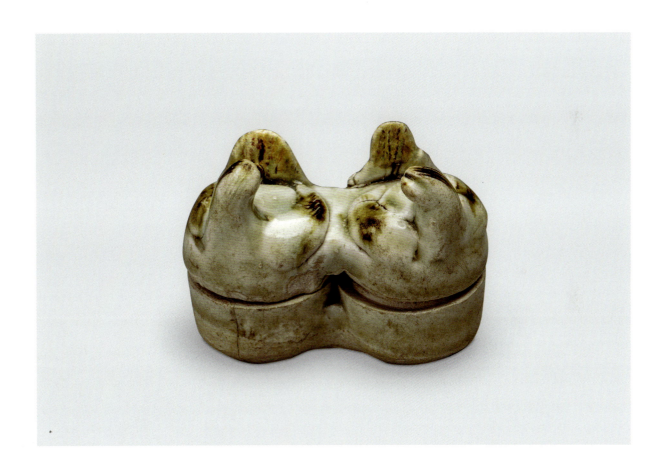

　　盒呈双鸟连体形，鸟首相对。整器除底以外施青白釉，鸟头、背、尾部均施褐色点彩。景德镇湖田窑出土有同类器。将粉盒制作成对鸟形，不仅是古代女子闺房日用品，亦是男女定情、夫妻恩爱的见证。

青白釉印花折枝梅纹套盒

Bluish-white glazed nesting box with
moulded design of plum blossom spray

宋（960—1279）
高8.3厘米 口径9厘米
底径8.1厘米
—
Song (960-1279)
H. 8.3cm, Mouth Dia. 9cm,
Base Dia. 8.1cm

　　盒呈圆柱形，平顶，直壁，平底微凹；
由三层套叠而成，中间层设子口，有足。
盖面模印折枝梅花，朴拙可爱。灰白胎，
内外施青白釉，釉不及底。

青釉套盒
Nesting box in green glaze

宋至元（960—1368）
高3.5厘米 口径8厘米
底径4.8厘米

—

From Song to Yuan (960-1368)
H. 3.5cm, Mouth Dia. 8cm,
Base Dia. 4.8cm

盒呈扁圆形，由三层套叠而成，盒盖微隆，盒身子口，中有一碟，既可盛放小件物品或粉类，亦可作为内盖加强下层的密封性。灰胎，施青釉，釉面杂有深青、褐色斑点，底部露胎。

合之色

Glazes and Colors

器有千姿，釉分百色。釉是覆盖在陶瓷制品表面的玻璃态物质，被称为陶瓷器的"神秘外衣"，除了能让瓷器细腻、坚固、防污、防腐之外，还给予其美丽的妆容。而彩料的加持，更赋予瓷器千变万化的色彩。这里展出的瓷盒，有常见的青釉、黑釉、白釉、青白釉，还有褐彩、绿彩、黑彩、釉里红。其釉彩的变化与产地、原料与制作工艺密切相关。在唐宋时期林立的窑场中，千峰翠色的越窑、类银类雪的邢窑、釉下多彩的长沙窑、知白守黑的磁州窑、颜色天下白的定窑、色比琼玖的景德镇窑、被法国人赞为"雪拉同"（Celadon）的龙泉窑等均有瓷盒产品烧制，其中尤以越窑和景德镇窑最为突出。

Porcelain wares can be crafted to any shape and ceramic glazes can be coated in various colors. Glaze, known as the cloak of secrecy, is a glassy coating on ceramics. It is used for decoration, to ensure the item is impermeable to liquids and to minimize the adherence of pollutants, while giving a tougher and finer surface. The application of color decoration to a glaze may even enhance the diversified, changing look of an item. Boxes selected for this exhibition are coated in green, black, white or bluish white glaze, with decoration in brown, green, black or underglaze red. The creation of such glazes and colors closely related to their birthplaces, raw materials, and craftsmanship as well. Among the diversified Tang and Song kilns, many fired unique boxes, such as Yue Ware that was known for its glaze in "myriads of emerald green", Xing Ware for silvery and snowy look, Changsha Ware for colorful underglaze decoration, Cizhou Ware for black decoration on a white ground, Ding Ware for its white coating of slip, Jingdezhen Ware for a lustrous, durable glaze, and Longquan Ware known as celadon in French, among all of which Yue Ware and Jingdezhen Ware were the most striking.

越窑青釉刻花花卉纹盒
Green glazed box carved with floral design
Yue Ware

唐（618—907）
高3.5厘米 口径6.3厘米
—
Tang (618-907)
H. 3.5cm, Mouth Dia. 6.3cm

器灰胎，通体施青釉，釉色泛黄，底有四个垫烧痕。盒盖中心刻简笔花卉一朵，周饰四片花叶。

在中国古代瓷器釉色里，青釉的呈色变化最多。青釉是一种含铁量在 1% 至 3% 左右，经高温还原气氛烧成，呈现青绿色泽的釉。含铁量的多少和烧造气氛的差异直接影响青釉的呈色，浅者有月白，深者有茶褐；还原气氛强，则釉色纯正清亮，还原气氛弱，则釉色青中泛黄。

越窑青釉盒
Green glazed box
Yue Ware

唐（618—907）
高6.2厘米 口径9.1厘米
—
Tang (618-907)
H. 6.2cm, Mouth Dia. 9.1cm

058

越窑青釉盒
Green glazed box
Yue Ware

五代（907—960）
高2.8厘米 口径8.6厘米
—
Five Dynasties (907-960)
H. 2.8cm, Mouth Dia. 8.6cm

灰胎，釉色灰青，釉面纯净无纹，底部有七个块状支烧痕。盒整体较扁，平盖，直壁。

此盒与1996年浙江临安五代天福四年（940）康陵出土的一件越窑秘色瓷粉盒基本一致，唯尺寸略小。秘色瓷是晚唐、五代时期越窑的巅峰之作，传世极为稀少，其窑址近年在浙江慈溪上林湖后司岙被发现。秘色瓷造型规整精致，釉色清亮均匀，多呈湖水绿或灰青色。与一般的越窑青瓷相比，两者的胎釉成分并无二致，但秘色瓷制作更为严格，烧成工艺更先进，尤其是瓷质匣钵和釉封技术保证了产品釉色的青翠纯正。

059

越窑青釉盒
Green glazed box
Yue Ware

五代（907—960）
高5.2厘米 口径9.5厘米
底径5.5厘米
—
Five Dynasties (907-960)
H. 5.2cm, Mouth Dia. 9.5cm,
Base Dia. 5.5cm

越窑青釉划花凤衔牡丹纹盒

Green glazed box with incised design of
phoenix holding peony in its beak
Yue Ware

五代至北宋（907—1127）
高6.6厘米　口径12.3厘米
足径7.9厘米
—
From Five Dynasties to Northern Song (907-1127)
H. 6.6cm, Mouth Dia. 12.3cm,
Foot-ring Dia. 7.9cm

　　盒灰胎，施青釉，釉面光润，釉色
泛黄，底有十个支烧痕。盖面刻划一对
口衔牡丹的凤鸟，外为草叶纹，盒盖近
口沿处饰一周上下错落的云纹。

　　此盒釉色偏黄是由于烧造过程中
还原气氛较弱，或者开窑阶段受到二
次氧化的干扰所致。

061

越窑青釉划花花瓣纹盒
Green glazed box with incised design of floral petals
Yue Ware

五代至北宋（907—1127）
高6.4厘米 口径9.1厘米 足径6.8厘米
—
From Five Dynasties to Northern Song (907-1127)
H. 6.4cm, Mouth Dia. 9.1cm,
Foot-ring Dia. 6.8cm

盒通体施青釉，釉色青中泛黄，釉面干涩。盒盖隆起，用两道凸弦纹将盖面一分为二，中心划花卉一朵，外圈划四组花瓣纹。盒盖与盒身直壁，圈足外撇，足心有一圈垫烧痕。

062

越窑青釉盒
Green glazed box
Yue Ware

五代（907—960）
高3.8厘米 口径8.5厘米 底径4.4厘米
—
Five Dynasties (907-960)
H. 3.8cm, Mouth Dia. 8.5cm, Base Dia. 4.4cm

063

越窑青釉划花花卉纹盒
Green glazed box with incised floral design
Yue Ware

北宋（960—1127）
高5.1厘米 口径13.5厘米 足径6.5厘米
—
Northern Song (960-1127)
H. 5.1cm, Mouth Dia. 13.5cm,
Foot-ring Dia. 6.5cm

　　盒灰胎，釉色灰青。盒呈扁圆形，盖面以划花技法饰三重瓣花卉纹，三重花瓣自小至大，形态各异。底部挖浅圈足，可见五个条形垫烧痕。

064

越窑青釉盒
Green glazed box
Yue Ware

五代（907—960）
高4.9厘米 口径10.2厘米
底径5厘米
—
Five Dynasties (907-960)
H. 4.9cm, Mouth Dia. 10.2cm, Base Dia. 5cm

越窑青釉刻花牡丹纹盒

Green glazed box carved with peony design
Yue Ware

北宋（960—1127）
高5.5厘米 口径12.7厘米
足径5.5厘米
—
Northern Song (960-1127)
H. 5.5cm, Mouth Dia. 12.7cm,
Foot-ring Dia. 5.5cm

　　盒灰胎，施青绿色釉，釉质光亮。
馒头形盖面刻牡丹花卉纹，构图饱满，
风格粗犷，外围刻划四组卷草纹。底
部挖浅圈足，可见一周垫烧痕。
　　此盒在烧造时还原气氛掌握得当，
故釉色青翠。

越窑青釉刻花牡丹纹盒
Green glazed box carved with peony design
Yue Ware

北宋（960—1127）
高3.1厘米　口径12厘米
足径5.5厘米
—
Northern Song (960-1127)
H. 3.1cm, Mouth Dia. 12cm,
Foot-ring Dia. 5.5cm

　　盒呈扁圆形，灰胎，釉色青中泛绿。盖面刻
缠枝花卉，以深刻勾勒轮廓，浅刻表现花叶细节。
底部挖浅圈足，可见一周垫烧痕。

越窑青釉刻花牡丹纹盒
Green glazed box carved with peony design
Yue Ware

北宋（960—1127）
高3.9厘米 口径12.6厘米
足径6.4厘米
—
Northern Song (960-1127)
H. 3.9cm, Mouth Dia. 12.6cm,
Foot-ring Dia. 6.4cm

器灰胎，施青绿色釉，釉层薄而透亮。馒头形盖，盖面以娴熟有力的浅浮雕技法刻折枝牡丹，因积釉形成自然的浓淡变化，使牡丹更为立体生动。主题纹饰外围刻划六组简笔云纹。底部挖浅圈足，可见一周垫烧痕。

越窑青釉刻花鹦鹉纹盒

Green glazed box carved with parrot design
Yue Ware

北宋（960—1127）
高5.4厘米 口径12.8厘米 足径9厘米
—
Northern Song (960-1127)
H. 5.4cm, Mouth Dia. 12.8cm, Foot-ring Dia. 9cm

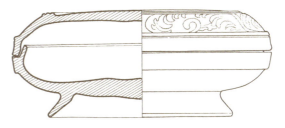

　　盒灰胎，釉色青褐，釉面光润。盖面以三周凸弦纹分为内外两区，内区刻一只飞翔的鹦鹉纹，鹦鹉周围及外圈满饰卷草纹。高圈足外撇，底有垫圈支烧痕迹。

　　鹦鹉纹在唐代大量出现在各类艺术品中，五代、两宋时期仍流行一时。

069

越窑青釉刻花牡丹纹盒

Green glazed box carved with
peony design
Yue Ware

北宋（960—1127）
高4.1厘米 口径12.9厘米
足径10.2厘米
—
Northern Song (960-1127)
H. 4.1cm, Mouth Dia. 12.9cm,
Foot-ring Dia. 10.2cm

070

越窑青釉刻花牡丹纹盒

Green glazed box carved with
peony design
Yue Ware

北宋（960—1127）
高5.8厘米 口径12.5厘米
足径9.6厘米
—
Northern Song (960-1127)
H. 5.8cm, Mouth Dia. 12.5cm,
Foot-ring Dia. 9.6cm

越窑青釉印花凤纹盒

Green glazed box with
moulded phoenix design
Yue Ware

北宋（960—1127）
高4.7厘米 口径8.3厘米
足径5.4厘米
—
Northern Song (960-1127)
H. 4.7cm, Mouth Dia. 8.3cm,
Foot-ring Dia. 5.4cm

盒灰胎，釉色青黄，颜色不一。盖面模
印栖息在花叶中的凤鸟一只。圈足外撇，底
有一圈垫烧痕。

越窑青釉刻花鸟纹盒

Green glazed box carved with bird design
Yue Ware

北宋（960—1127）
高6.3厘米 口径13.3厘米
足径9.6厘米

—

Northern Song (960-1127)
H. 6.3cm, Mouth Dia. 13.3cm,
Foot-ring Dia. 9.6cm

073 **越窑青釉盒**
Green glazed box
Yue Ware

北宋（960—1127）
高5.6厘米 外径8.7厘米
足径5.9厘米
—
Northern Song (960-1127)
H. 5.6cm, Dia. 8.7cm,
Foot-ring Dia. 5.9cm

　　盒灰胎，施灰青色釉，釉面光润匀净。造型
洗练规整，除盖面弦纹外，别无纹饰。盒腹略深，
圈足外撇，底有一周垫烧痕。此盒当是直接继承
五代简约风格而来。

074 **越窑青釉盒**
Green glazed box
Yue Ware

北宋（960—1127）
高6.4厘米 口径8.8厘米
足径5.9厘米
—
Northern Song (960-1127)
H. 6.4cm, Mouth Dia. 8.8cm,
Foot-ring Dia. 5.9cm

　　盒灰胎青釉，釉面青中偏黄。圈足外卷，较
同类盒子稍高，挺拔规整，具有金银器造型风格。
底有一周垫烧痕迹。

越窑青釉刻花莲瓣纹盒

Green glazed box carved with
lotus petal design
Yue Ware

北宋（960—1127）
高6.1厘米 口径7.8厘米
足径3.7厘米
—
Northern Song (960-1127)
H. 6.1cm, Mouth Dia. 7.8cm,
Foot-ring Dia. 3.7cm

　　盒呈苹果形，灰胎施青绿色釉，釉面光润，玻璃质感较强。盖钮作花梗形，盒盖与盒身以浅浮雕技法对称刻出莲瓣纹，似两朵莲花仰覆相映。挖浅圈足，底有垫烧痕。

越窑青釉盒

Green glazed box
Yue Ware

北宋（960—1127）
高4.2厘米 口径8.1厘米
足径6.2厘米
—
Northern Song (960-1127)
H. 4.2cm, Mouth Dia. 8.1cm,
Foot-ring Dia. 6.2cm

　　盒灰胎施青釉，釉色清亮润泽，釉层较薄，积釉处呈翠绿色，装饰简洁，仅见弦纹。圈足外撇，底有垫烧痕。

龙泉窑青釉刻花钱纹子母盒
Green glazed nesting box carved with coin design
Longquan Ware

元（1271—1368）
高5.2厘米 口径11.4厘米
足径4厘米
—
Yuan (1271-1368)
H. 5.2cm, Mouth Dia. 11.4cm,
Foot-ring Dia. 4cm

　　盒灰胎，施青釉，釉色青翠深沉，口沿与足端露胎呈火石红色。盖面一半刻钱纹，一半刻叶纹，盒内别出心裁地以花叶形袢将空间平均一分为三，各置一碗形粉池，可分别盛装粉、黛、朱等脂粉。

　　龙泉窑是继越窑之后中国南方最大的青瓷窑场，其产品在南宋晚期至元代广销海内外。江苏太仓樊村泾元代遗址出土有与此相同的瓷盒残片。该遗址为元王朝在江南地区经营的一处瓷器贸易集散地，近年发现了数以吨计的龙泉窑青瓷遗存。

078 越窑青釉刻花牡丹纹八棱盒
Green glazed octagonal box carved with peony design
Yue Ware

宋（960—1279）
高3.5厘米 口径8.5厘米 底径8.4厘米
—
Song (960-1279)
H. 3.5cm, Mouth Dia. 8.5cm,
Base Dia. 8.4cm

　　盒灰胎青釉，釉色不一，开片明显。器呈八
棱形，平底内凹。盖面刻简笔折枝牡丹，线条流
畅写意。盒盖外壁一侧左右各刻两道竖线，其意
不明，可能是作为与盒身对应扣合的标记。

079 龙泉窑青釉印花折枝牡丹纹盒
Green glazed box with moulded design of peony spray
Longquan Ware

元（1271—1368）
高9.4厘米 口径14.4厘米
足径10.2厘米
—
Yuan (1271-1368)
H. 9.4cm, Mouth Dia. 14.4cm,
Foot-ring Dia. 10.2cm

盒灰胎，釉色青翠欲滴，釉面开片明显，玻璃质感强，口沿与足端露胎呈火石红色。盖面圆拱，中心模印折枝牡丹，外围以两组卷草和菱格纹，菱格中有"卍"字。盒盖与身均印细密的棱纹装饰。

南宋晚期的龙泉窑青瓷流行薄胎厚釉，釉色以"梅子青""粉青"两种为代表，尤其是梅子青，独步一时。元代龙泉窑青瓷则以刻划花、印花见长，釉层较薄。此盒之釉色直追梅子青，兼有清晰印纹，可谓元龙泉的难得佳作。

080 青釉划花莲纹盒
Green glazed box incised with lotus design

宋（960—1279）
高5厘米　口径13.1厘米
足径5.5厘米
—
Song (960-1279)
H. 5cm, Mouth Dia. 13.1cm,
Foot-ring Dia. 5.5cm

盒呈扁圆形，盖面微隆，小圈足。盖面刻划折枝莲纹，花瓣纤细如叶。灰胎，施月白色釉，釉色青中泛白。盖内、圈足及外底无釉，底有数道刻线，组成一个类似"四"或"目"字的符号。

此盒釉色介于青、白之间，造型接近龙泉窑风格，具体窑口待确定。

定窑白釉盒
White glazed box
Ding Ware

唐（618—907）
高2.6厘米 口径5.1厘米
—
Tang (618-907)
H. 2.6cm, Mouth Dia. 5.1cm

盒白胎，除口沿外，通体施白釉，素面无纹。
盖面微隆，平顶，直壁，平底略内凹。
　　地处今河北曲阳的定窑是继邢窑之后著名的
白瓷窑场。晚唐时期定窑白瓷的质量已属上乘，
胎质坚硬洁白，白釉微微泛青。

白釉印花盒
White-glazed box with moulded design

宋至元（960—1368）
高5.4厘米 口径12.2厘米
—
From Song to Yuan (960-1368)
H. 5.4cm, Mouth Dia. 12.2cm

景德镇窑青白釉印花花朵纹盒

083

Bluish-white glazed box with moulded floral design
Jingdezhen Ware

宋（960—1279）
高2.7厘米 口径4.3厘米 底径3.2厘米
—
Song (960-1279)
H. 2.7cm, Mouth Dia. 4.3cm,
Base Dia. 3.2cm

　　盒白胎，釉色青中泛白，积釉处呈翠绿色，釉质莹润如碧玉，平底无釉。盒娇小可爱，盖面模印花朵纹，盒身印菊瓣纹。

　　青白瓷是由其胎质洁净、釉色呈青白色而得名，盛行于宋元时期，以景德镇湖田窑产品质量最佳。

吉州窑白釉刻花月映梅纹盒

084

White glazed box carved with
moonlit plum blossoms
Jizhou Ware

宋（960—1279）
高4.7厘米 口径8.3厘米 足径5.1厘米
—
Song (960-1279)
H. 4.7cm, Mouth Dia. 8.3cm,
Foot-ring Dia. 5.1cm

　　盒灰白胎，胎质较疏松，釉厚失透，白中泛黄，有细小开片，下腹及底无釉，圈足。盖面隆起，刻折枝梅花及一弯弦月，月映清梅，营造出暗夜静香的意境。

　　吉州窑是宋元时期的著名窑场之一，以烧造黑釉瓷、白地黑褐彩等最具特色，也生产白瓷，但与定窑相比，胎质疏松，釉色偏黄。

青白釉印花菊瓣形盒
Bluish-white glazed box with moulded design of chrysanthemum petal

宋（960—1279）
高5.6厘米 口径8.5厘米 足径6厘米
—
Song (960-1279)
H. 5.6cm, Mouth Dia. 8.5cm,
Foot-ring Dia. 6cm

　　盒白胎，釉色青中透白，积釉处呈翠绿色，釉面光润如玉，底无釉，有一周垫烧痕迹。

　　盒为仿菊瓣形金银器模制而成，盒身无子口，盖内另贴一周泥条用以加固口沿。盖顶饰花卉纹。

青白釉印花折枝花卉纹盒
Bluish-white glazed box with moulded design of floral spray

宋（960—1279）
高2.6厘米 口径4.4厘米 底径2.9厘米
—
Song (960-1279)
H. 2.6cm, Mouth Dia. 4.4cm,
Base Dia. 2.9cm

　　盒呈菊瓣形，胎灰白，施青白釉，釉面有细小开片。盖顶平，模印折枝牡丹。盒身斜收，下腹及底未施釉。平底略内凹，底心印一圈形标记。

　　因市场大量需求，宋代青白瓷生产以景德镇湖田窑为中心，向外扩大到江西及南方各地，包括现在的安徽、浙江、福建、四川以及两湖、两广地区。此盒与浙江江山窑产品接近。

德化窑青白釉印花牡丹纹菊瓣形盒

Bluish-white glazed box with moulded design of
chrysanthemum petal and peony
Dehua Ware

宋（960—1279）
高6厘米 口径11.8厘米
底径9.8厘米
—
Song (960-1279)
H. 6cm, Mouth Dia. 11.8cm,
Base Dia. 9.8cm

盒呈菊瓣形，白胎，胎质细腻，釉色白中泛
青。盖面模印折枝牡丹。平底无釉，略内凹。

此盒应为福建德化窑产品。宋元时期，福建
地区曾大量仿烧景德镇青白瓷，以德化窑最为突
出。除供应国内市场外，该窑产品广销海外，特
别是东南亚地区。

景德镇窑釉里红折枝花卉纹盒
Box with underglaze red floral spray
Jingdezhen Ware

元（1271—1368）
高3.2厘米 口径5.9厘米
底径4.5厘米

—

Yuan (1271-1368)
H. 3.2cm, Mouth Dia. 5.9cm,
Base Dia. 4.5cm

盒呈菊瓣形，通体施釉，釉色温润，青中透白，外底有三个支烧痕。盖面以铜红料绘折枝花卉，绘彩处多有晕散。

釉里红是瓷器釉下彩装饰手法之一，创烧于元代景德镇。其工艺是以含有金属铜元素的彩料在瓷坯上绘画，再罩以无色透明釉，然后入窑在1300℃左右的高温还原气氛中一次烧成。

089

青白釉点褐彩盒

Bluish-white glazed box with
brown decoration

北宋（960—1127）
高5.4厘米 口径7.3厘米 足径5.1厘米
—
Northern Song (960-1127)
H. 5.4cm, Mouth Dia. 7.3cm,
Foot-ring Dia. 5.1cm

　　盒灰白胎，施青白釉，釉色泛黄，有细小开片。盒盖中心饰花梗形钮，钮及盖面点褐彩装饰。盒身直壁，下腹、圈足及底未施釉。

　　瓷器上的点彩装饰源于两晋时期的青瓷。其方法系在施了釉的瓷坯上，用另一种色料加点斑块，再入窑一次烧成。宋元时期较为流行。1983年江西德安北宋景祐五年（1038）刘氏墓出土有青白釉荷梗钮点彩盒一对，与此类似。

090

湘阴窑褐釉米字纹盒

Brown glazed box with "米" design
Xiangyin Ware

隋（581—618）
高6.1厘米 口径10.4厘米 底径8厘米
—
Sui (581-618)
H. 6.1cm, Mouth Dia. 10.4cm, Base Dia. 8cm

　　盒灰白色胎，施褐釉不及底，釉面不匀。盖面饰一道凸弦纹，内刻划米字纹。盒盖与盒身直壁，分别刻竖条纹一周。湖南岳阳市桃花山墓出土的隋代湘阴窑褐釉划花盒与此类似。

长沙窑绿釉盒
Green glazed box
Changsha Ware

唐（618—907）
高4.8厘米 口径6.1厘米
—
Tang (618-907)
H. 4.8cm, Mouth Dia. 6.1cm

　　盒灰白胎，施绿釉不及底，釉光黯淡，气孔较多。装饰简单，仅见盖面旋削三道弦纹。在长沙窑单色釉瓷器中，绿釉器产量较少，是以铜为着色剂的色釉在氧化焰里烧制而成。

长沙窑青釉褐绿彩朵花纹盒
Box with brown and green floral design in greenish glaze
Changsha Ware

唐（618—907）
高4.7厘米 口径9厘米
—
Tang (618-907)
H. 4.7cm, Mouth Dia. 9cm

　　盒灰白胎，施青黄色釉，平底露胎。盖面以褐、绿彩点绘朵花纹，中心一朵，周围四大四小交替分布。

　　长沙窑盛烧于晚唐，其产品常用褐绿彩绘进行装饰，题材丰富多样，人物、鸟兽、花草、山水、云气、文字应有尽有。

磁州窑白釉绿彩印花花卉纹盒
Box with moulded floral design and green decorations in white glaze
Cizhou Ware

北宋（960—1127）
高5.4厘米 口径7.7厘米
足径4.8厘米
—
Northern Song (960-1127)
H. 5.4cm, Mouth Dia. 7.7cm,
Foot-ring Dia. 4.8cm

盒灰白胎，罩白色化妆土，外壁施白釉，不及圈足。盖面点绿彩，随意自然；盒内露胎，有油脂类物品残留，呈酱褐色。盒呈菱花形，盖面模印盛开的花朵，为模仿金银器造型及装饰之作。

白釉绿彩为传统陶瓷釉彩装饰之一，出现于北朝，唐代巩义窑、邢窑多有生产，宋代主要见于磁州窑。

094 **黄堡窑素地黑彩瓷盒**
Unglazed porcelain box with black decoration
Huangpu Ware

唐（618—907）
高4厘米 口径7.1厘米 足径4.1厘米
—
Tang (618-907)
H. 4cm, Mouth Dia. 7.1cm,
Foot-ring Dia. 4.1cm

　　盒灰胎，未施釉。盖面微隆，刻双弦纹，内以黑彩绘简笔花卉，花叶呈品字状排布。盖与身外壁亦绘黑彩花卉或弧线，粗犷随意。

　　素地黑彩瓷是唐代黄堡窑（耀州窑前身）的代表性产品之一，系在器物坯体上先加一层白色化妆土，入窑素烧后用黑釉彩料在胎体上点绘各种图案，再二次入窑烧造，烧成后花纹呈凸起状。这种工艺可能受到了波斯彩绘陶器或伊斯兰琉璃器装饰的影响。

095 **黑釉盒**
Black glazed box

唐（618—907）
高4.2厘米 口径6.1厘米 足径3.2厘米
—
Tang (618-907)
H. 4.2cm, Mouth Dia. 6.1cm,
Foot-ring Dia. 3.2cm

　　盒灰褐胎，杂有粗砂粒，釉色黑褐油亮，釉层较厚，外壁施釉不及底，具有北方黑釉瓷的特征。盒盖中心饰一小圆钮，直壁，圈足。整体造型古朴，黑色釉面满布浅色小点，如夜幕中璀璨的星光，颇有韵味。

096、097 **黑釉印花花卉纹盒**（两件）

Black glazed boxes moulded with floral design (a pair)

元至明初（1271—15世纪）
左：高5.3厘米 口径9.7厘米
　　足径4.1厘米
右：高5.6厘米 口径9.5厘米
　　足径3.9厘米
—
From Yuan to early Ming (1271-15th century)
Left: H. 5.3cm, Mouth Dia. 9.7cm,
Foot-ring Dia. 4.1cm
Right: H. 5.6cm, Mouth Dia. 9.5cm,
Foot-ring Dia. 3.9cm

　　左：盒灰胎，黑釉白花装饰，盖面模印折枝菊花，外围一周三角几何纹。盒身内壁施酱釉，外壁黑釉不及底，足底略内凹。

　　右：盒灰胎，黑釉白花装饰。盖面模印菊花草叶纹，外围一周花瓣纹。盒身内壁施酱釉，外壁黑釉不及底，足底略内凹。近年沉船出水有同类瓷盒，但尚未发现窑址出土标本，可能为福建磁灶窑产品。

合之文

Motifs
and
Decoration
Methods

以器载道，以文契情。"文"者，纹饰及文字也。在瓷盒的方寸之间，常用不同技法施以各类题材的装饰纹样，这既是制瓷匠人高超技艺的集中体现，亦饱含着人们对于美好生活与情感的寄托。早期瓷盒装饰较为简洁，多素面或单色釉彩；晚唐以后，常以刻划或彩绘方法饰朵花、四瓣花卉纹；五代则以素面、细刻纹为主；至宋代，瓷盒装饰百花齐放，刻花、划花、印花、贴花、堆塑、彩绘等工艺各有千秋，龙凤、蝶虫、花果及几何形等纹样美美与共。在景德镇生产的青白瓷盒底部，还常见不同烧瓷作坊的名号款识，足见当时瓷盒烧制的普遍及商品竞争的激烈。

Forms carry fundamental principles of morality and motifs bear people's feeling and emotion. *Wen*, also written as 文 , means "motifs" or "characters" in ancient Chinese. Decorating a small space with motifs in various themes not only reflects the superb crafting skills of Chinese potters, but also expresses people's love and longing for a better life. Porcelain boxes made in early China featured simple design, normally unpainted or in monochrome glaze. Flowers and four-petal floral design, carved or painted, became popular after the Late Tang while Five Dynasties saw unpainted or meticulously carved motifs. In the Song Dynasty decoration methods on porcelain reached a zenith and became diversified, with boxes carved, incised, moulded, applied or picked, or both moulded and applied, or just painted. These methods enhanced the great beauty of a variety of themes, such as dragon and phoenix, butterflies and insects, flowers and fruits, and geometric motifs as well. Name marks were often carved on the base of bluish white glazed boxes fired in Jingdezhen folk kilns, indicating the wide production of porcelain boxes and heated trademark competition in this period.

巩义窑黄釉绞胎盒

Box with marbled body in yellow glaze
Gongyi Ware

唐（618—907）
高3.7厘米 口径8.1厘米

—

Tang (618-907)
H. 3.7cm, Mouth Dia. 8.1cm

盒呈扁圆形，白、褐两色胎土，盖面及盒底的主体部分均由三组绞胎团花拼贴而成，器壁则是简单的条纹绞胎，内外通体施黄釉。

绞胎是陶瓷的一种特种装饰工艺，出现于唐代巩义窑，宋元时期继续流行。其来源有三种说法：一为玻璃器，一为瘿器，一为犀皮器。

长沙窑青釉绿彩文字盒

Greenish glazed box with character painted in green
Changsha Ware

唐（618—907）

高5.3厘米 口径8厘米

—

Tang (618-907)

H. 5.3cm, Mouth Dia. 8cm

盒施青黄色釉，盖面以绿彩书一文字，惜难以辨认。

唐代长沙窑瓷器盛行褐绿彩绘工艺，将绘画、书写等艺术形式用于瓷器装饰。书写方面，常见诗文、题名和商品宣传文字等题材。

100

越窑青釉刻花花卉纹盒
Green glazed box carved with floral design
Yue Ware

唐（618—907）
高3.5厘米　口径6.3厘米
—
Tang (618-907)
H. 3.5cm, Mouth Dia. 6.3cm

盖面刻划十字形花卉纹，间饰四组花叶。釉色青中泛黄。平底，有垫烧痕。

101

越窑青釉刻花花卉纹盒
Green glazed box carved with floral design
Yue Ware

唐（618—907）
高3.3厘米　口径6.2厘米
—
Tang (618-907)
H. 3.3cm, Mouth Dia. 6.2cm

盒盖面刻画四瓣花卉纹，周饰四片花叶，笔意简洁，线条圆润。通体施青釉，平底微鼓，有垫烧痕。四瓣花卉并四出花叶是晚唐较为常见的装饰纹样，应受铜镜与织锦上四叶纹、柿蒂纹等装饰传统的影响。

越窑青釉刻花花卉纹盒
Green glazed box carved with floral design
Yue Ware

唐（618—907）
高7.4厘米 口径18.5厘米
—
Tang (618-907)
H. 7.4cm, Mouth Dia. 18.5cm

盖面中心刻划花卉一朵，周围饰三组花叶纹，
构图均衡有致。灰胎，釉色青中泛黄，间有剥釉
现象，平底无釉。

此盒花纹轮廓以粗线勾勒，细节以细线划刻，
大花大叶，系模仿唐代金银器装饰风格而来。

103

越窑青釉刻花花卉纹盒
Green glazed box carved with floral design
Yue Ware

唐（618—907）
高3.8厘米 口径6.4厘米
—
Tang (618-907)
H. 3.8cm, Mouth Dia. 6.4cm

　　盒盖微隆，盖面刻划简笔十字型花卉纹。青黄色釉，光亮润泽。

　　花瓣、花叶按"十"字形构图，是唐代中晚期较为常见的装饰手法。

104

越窑青釉刻花花卉纹盒
Green glazed box carved with floral design
Yue Ware

唐（618—907）
高4.2厘米 口径5.7厘米
底径2.8厘米
—
Tang (618-907)
H. 4.2cm, Mouth Dia. 5.7cm,
Base Dia. 2.8cm

越窑青釉刻花花卉纹盒

Green glazed box carved with floral design
Yue Ware

唐至五代（618—960）
高10.4厘米 口径15.4厘米
足径7.3厘米
—
From Tang to Five Dynasties (618-960)
H. 10.4cm, Mouth Dia. 15.4cm,
Foot-ring Dia. 7.3cm

　　盒盖中心刻划四瓣花卉一朵，周围饰两组对
称花叶纹，线条细疏流畅，具有金银器装饰风格。
整体造型饱满，青釉润泽含蓄。

越窑青釉刻花花卉纹盒

Green glazed box carved with floral design
Yue Ware

五代（907—960）
高3.5厘米 口径9.9厘米
底径5厘米
—
Five Dynasties (907-960)
H. 3.5cm, Dia. 9.9cm, Base Dia. 5cm

　　盖平顶，中心刻划四瓣花卉，辅以四出花叶，两侧配卷草纹。整器呈扁圆形，灰胎，釉色青绿匀净。平底略内凹，有七处泥点支烧痕。

　　此盒纹饰仍继承晚唐四瓣花卉的装饰设计，但有些许变化。

越窑青釉划花花卉纹盒

Green glazed box with incised floral design
Yue Ware

盖：五代（907—960）
身：北宋（960—1127）
通高9厘米 口径17.5厘米
足径13厘米
—
Cover: Five Dynasties (907-960)
Body: Northern Song (960-1127)
H. 9cm, Mouth Dia. 17.5cm,
Foot-ring Dia. 13cm

　　此盒为藏家所配。盒盖为五代，釉色青黄，盖面圆拱，中心用细线刻划四瓣花卉一朵，两侧各辅以一组花叶，呈对称分布。花朵盛开在大片花叶之中，一派生机。盒身属北宋，釉色青绿，腹下斜收，圈足外撇，底有一圈垫烧痕。

108

越窑青釉划花飞鸟纹盒
Green glazed box with incised bird design
Yue Ware

五代（907—960）
高3厘米 口径4.9厘米
—
Five Dynasties (907-960)
H. 3cm, Mouth Dia. 4.9cm

　　盒盖刻划一只展翅翱翔的飞鸟，寥寥数笔将喙、眼、翅、羽、腿勾勒而出，简洁传神。通体施青釉，釉面光润，底有三处垫烧痕。

109

越窑青釉印花鸳鸯莲池纹盒
Green glazed box moulded with
mandarin duck in lotus pond
Yue Ware

五代（907—960）
高3.9厘米 口径9厘米
—
Five Dynasties (907-960)
H. 3.9cm, Mouth Dia. 9cm

　　盒盖中心模印一只展翅鸳鸯，四周饰两组折枝莲叶，表现出鸳鸯戏莲的美好景象。釉呈豆青色，釉面光润。外底有六处圆形垫烧痕。
　　鸳鸯莲池纹是中国古代喜闻乐见的装饰题材之一，宋元及以后尤为盛行。

110

越窑青釉刻花花卉纹盒
Green glazed box carved with floral design
Yue Ware

五代—北宋（907—1127）
高6.2厘米 口径7.7厘米 底径4厘米
—
From Five Dynasties to Northern Song (907-1127)
H. 6.2cm, Mouth Dia. 7.7cm,
Base Dia. 4cm

　　盒盖顶饰花梗形钮，周围刻花蒂五片，其外
又刻两重花瓣，线条粗壮有力。盒身弧腹，釉面
有细小开片。平底内凹，有垫烧痕。

111

越窑青釉堆塑刻花莲纹盒
Green glazed box with applied and
moulded design of lotus
Yue Ware

北宋（960—1127）
高6.6厘米 口径7.7厘米 足径3.8厘米
—
Northern Song (960-1127)
H. 6.6cm, Mouth Dia. 7.7cm,
Foot-ring Dia. 3.8cm

　　盒修复而成。灰胎施青釉，釉厚且润。盒盖
中心饰花梗形钮，钮残。四周堆塑含苞待放的莲
花与卷曲的莲叶。盖身浮雕双重莲瓣，颇有立体
感。盒身饰两道弦纹，挖浅圈足，底有垫烧痕。

112

越窑青釉刻花莲瓣纹盒
Green glazed box carved with lotus petal design
Yue Ware

北宋（960—1127）
高7.3厘米 口径9.4厘米
足径5.3厘米
—
Northern Song (960-1127)
H. 7.3cm, Mouth Dia. 9.4cm,
Foot-ring Dia. 5.3cm

　　盒呈瓜形，盖钮作花梗形，四周刻一周叠压的花蒂，外围以双重莲瓣，瓣脉用细线划出。盒身亦用斜刀满刻竖线纹，挖浅圈足。通体施青绿色釉，底有一圈垫烧痕。此盒造型圆润饱满，刻花遒劲娴熟，浅浮雕效果明显，具有高超的艺术品位。

　　莲花又被称为"佛花"，莲瓣纹是佛教文化影响下流行的纹饰，经久不衰。

113　越窑青釉刻花莲蓬纹盒

Green glazed box with carved design of
lotus seedpod
Yue Ware

北宋（960—1127）
高13.9厘米　口径18.4厘米
足径13.6厘米
—
Northern Song (960-1127)
H. 13.9cm, Mouth Dia. 18.4cm,
Foot-ring Dia. 13.6cm

　　盖面高拱，中心戳印莲蓬纹，周围浮雕三层
莲瓣纹。灰胎施青绿色釉。高圈足外卷，底有一
圈垫烧痕，中心刻一"大"字。浙江慈溪上林湖
后司岙窑址曾出土北宋时期"大"字款对蝶纹盘
标本。"大"字何意尚待研究。这类器物可能为
按照"官样"烧制的产品。

越窑青釉刻花莲纹盒
Green glazed box carved with lotus design
Yue Ware

北宋（960—1127）
高5厘米 口径11.4厘米
足径8.3厘米

—

Northern Song (960-1127)
H. 5cm, Mouth Dia. 11.4cm,
Foot-ring Dia. 8.3cm

盖面中心刻划荷叶莲花纹，以卷草为地；外为一周蔓草纹（或称羽毛纹）。灰胎，青灰釉，釉面干涩。高圈足外撇，足底有垫圈垫烧痕迹。

莲花在越窑青瓷的装饰纹样中占有较大比重，延续时间长，种类样式多。

115 越窑青釉印花折枝番莲纹盒

Green glazed box with moulded design of
western lotus spray
Yue Ware

北宋（960—1127）
高4.3厘米　口径13.6厘米
足径6.5厘米
—
Northern Song (960-1127)
H. 4.3cm, Mouth Dia. 13.6cm,
Foot-ring Dia. 6.5cm

　　盒呈扁圆形，灰胎，釉色青中泛黄，底部露
胎。盖面模印折枝番莲纹，花叶小巧精致，布
局繁密有序；外圈刻划上下错落的草叶纹。盒
身直壁，腹下内收，挖浅圈足，底部有垫烧痕。

116 越窑青釉刻花缠枝莲纹盒

Green glazed box with carved design of
lotus scrolls
Yue Ware

北宋（960—1127）
高4.7厘米 外径12.9厘米
足径5.9厘米

—

Northern Song (960-1127)
H. 4.7cm, Dia. 12.9cm,
Foot-ring Dia. 5.9cm

盒呈扁圆形。盖面刻缠枝莲纹，莲花与莲叶
两两对称，叶脉及花瓣纹理以细线划出。外围线
刻一周上下错落分布的草叶纹。盒挖浅圈足，底
有垫圈垫烧痕。

缠枝莲纹蕴含和谐祥瑞、连绵不绝之意，广
泛应用于古代各类器物装饰。宋代开始流行，元
代以后更为常见。

117

越窑青釉刻花莲瓣纹盒
Green glazed box carved with lotus design
Yue Ware

北宋（960—1127）
高4.5厘米 口径8.8厘米
—
Northern Song (960-1127)
H. 4.5cm, Mouth Dia. 8.8cm

118

越窑青釉刻花牡丹纹盒
Green glazed box carved with
peony design
Yue Ware

北宋（960—1127）
高5.4厘米 口径12厘米 足径9厘米
—
Northern Song (960-1127)
H. 5.4cm, Mouth Dia. 12cm,
Foot-ring Dia. 9cm

越窑青釉刻花莲瓣纹盒
Green glazed box carved with lotus design
Yue Ware

119 越窑青釉印花缠枝牡丹纹盒
Green glazed box with moulded design of peony scroll
Yue Ware

北宋（960—1127）
高4.4厘米 口径8.2厘米 足径6.1厘米
—
Northern Song (960-1127)
H. 4.4cm, Mouth Dia. 8.2cm,
Foot-ring Dia. 6.1cm

　　盒盖面模印缠枝牡丹纹，对称布局。圈足内有垫圈垫烧痕。

　　缠枝纹是中国古代传统纹饰之一，以植物的枝杆或蔓藤作骨架，向上下、左右延伸，因其结构连绵不断，故含"生生不息"之意。常见纹样有缠枝牡丹、缠枝莲、缠枝菊花等等。

120 越窑青釉刻花牡丹纹盒
Green glazed box carved with peony design
Yue Ware

北宋（960—1127）
高5.5厘米 外径12.6厘米
足径9.3厘米
—
Northern Song (960-1127)
H. 5.5cm, Dia. 12.6cm,
Foot-ring Dia. 9.3cm

121 越窑青釉刻花牡丹纹盒
Green glazed box carved with peony design
Yue Ware

北宋（960—1127）
高5.9厘米 口径12.9厘米
足径9.9厘米
—
Northern Song (960-1127)
H. 5.9cm, Mouth Dia. 12.9cm,
Foot-ring Dia. 9.9cm

　　盒盖面中心刻牡丹一朵，以卷草为地，外围一周蔓草纹。灰胎，釉色青绿匀净。高圈足外撇，足底有垫圈垫烧痕迹。

　　牡丹是中国的特产花卉，作为一种审美意象源远流长。宋代越窑的装饰题材中，以牡丹纹最为常见。

122 越窑青釉刻花牡丹纹盒

Green glazed box carved with peony design
Yue Ware

北宋（960—1127）
高5.4厘米 口径14.9厘米
足径10.7厘米
—
Northern Song (960-1127)
H. 5.4cm, Mouth Dia. 14.9cm,
Foot-ring Dia. 10.7cm

盒盖刻折枝牡丹，构图饱满，刻画细
致。在越窑花卉图案中，不少花卉特征模
糊，较难辨认；牡丹则有明显特征，花蕊
上方有两片旗瓣，被称为"双犄牡丹"。

越窑青釉划花折枝花卉纹盒

Green glazed box with incised design of
floral spray
Yue Ware

北宋（960—1127）
高4.2厘米 口径13.2厘米
底径7.6厘米
—
Northern Song (960-1127)
H. 4.2cm, Mouth Dia. 13.2cm,
Base Dia. 7.6cm

盖面划折枝花卉纹，有别于常见的十字对称
布局，中心花卉三面饰叶纹，一侧刻三道花茎，
整体呈花束形，别出心裁。灰胎，施灰青釉，
挖浅圈足，外底留垫圈垫烧痕。

此盒花纹与五代越窑青瓷较为接近，应属于
北宋早期产品。

124 越窑青釉刻花花叶纹盒

Green glazed box carved with
foliage design
Yue Ware

北宋（960—1127）
高5厘米 口径10.9厘米 足径5.7厘米
—
Northern Song (960-1127)
H. 5cm, Mouth Dia. 10.9cm,
Foot-ring Dia. 5.7cm

盖面刻四重花叶纹，呈中心对称构图，叶脉简括。通体施釉，釉色青中泛黄，矮圈足。

125 越窑青釉划花卷草纹盒

Green glazed box with incised vines
Yue Ware

北宋（960—1127）
高4.1厘米 口径13.7厘米 底径6.8厘米
—
Northern Song (960-1127)
H. 4.1cm, Mouth Dia. 13.7cm,
Base Dia. 6.8cm

盒灰胎，釉色青中泛黄。盖面以细线划花技法装饰七组卷草纹。挖浅圈足，外底有垫圈垫烧痕。

越窑青釉印花缠枝荔枝纹盒

Green glazed box with moulded design of
litchi scroll
Yue Ware

宋（960—1279）
高4.4厘米 口径8.9厘米
足径5.7厘米
—
Song (960-1279)
H. 4.4cm, Mouth Dia. 8.9cm,
Foot-ring Dia. 5.7cm

　　盒盖微隆起一台阶，盖面模印缠枝花果纹，
似为荔枝，叶茂果丰。灰胎施青釉，釉色泛黄。
圈足外撇，底留垫烧痕。

　　荔枝，汉唐为丹果，两宋做瑞图。自宋代起，
荔枝纹常被用于标识官阶品级和日常生活装饰，
有利子、吉利、多利之寓意。

越窑青釉印花缠枝草叶纹盒
Green glazed box with moulded vine scrolls
Yue Ware

北宋（960—1127）
高4.9厘米 口径12.5厘米
足径9.8厘米
—
Northern Song (960-1127)
H. 4.9cm, Mouth Dia. 12.5cm,
Foot-ring Dia. 9.8cm

盒灰胎施青釉，釉面干涩无光。盒盖模印缠
枝草叶纹，草叶形态多样。圈足外撇，底有六个
长条形垫烧痕。

此盒纹样十分少见。主体部分为缠枝草叶，
但并无常见的中心对称布局；外围分为十二个三
角形区域，也并不严谨，每个分区内题材随意安
排，以十字形图案居多。

越窑青釉刻花凤衔牡丹纹盒

Green glazed box with carved design of
phoenix holding peony in its beak
Yue Ware

北宋（960—1127）
高5厘米 口径11.9厘米
足径5.3厘米
—
Northern Song (960-1127)
H. 5cm, Mouth Dia. 11.9cm,
Foot-ring Dia. 5.3cm

　　盒灰胎，釉色青中泛绿。盖面刻凤衔牡丹纹，
凤鸟展翅飞舞，长尾飘曳。圈足，外底有垫烧痕。

　　凤为百鸟之首，寓意祥瑞；牡丹为百花之冠，
寓意富贵。宋元时期，吉祥图案盛行，凤衔牡丹、
凤穿牡丹等成为程式化的图样。

越窑青釉刻花双凤蔓草纹盒
Green glazed box with carved design of
paired phoenixes among vines
Yue Ware

北宋（960—1127）
高4.2厘米 口径12.3厘米
足径9.5厘米

—

Northern Song (960-1127)
H. 4.2cm, Mouth Dia. 12.3cm,
Foot-ring Dia. 9.5cm

　　盒灰胎，釉色青中泛黄。盖面刻一对相向飞舞的凤鸟，周围满饰卷曲的蔓草纹，凤羽、草叶均用细线刻划细节；外圈浅刻一周卷草纹。圈足外撇，底有垫圈垫烧痕迹。

越窑青釉刻花鹦鹉牡丹纹盒

Green glazed box with carved design of
parrot and peony
Yue Ware

北宋（960—1127）
高5.8厘米 口径12.8厘米
足径9.8厘米
—
Northern Song (960-1127)
H. 5.8cm, Mouth Dia. 12.8cm,
Foot-ring Dia. 9.8cm

盖面中心刻有一只鹦鹉展翅翱翔于牡丹
丛中，外围线刻一周羽毛纹。盒灰胎施青绿
色釉，釉面光润。圈足外撇，底有垫圈垫烧痕。

在中国传统文化中，鹦鹉与凤凰、鸳鸯
同是"比翼齐飞"的象征，亦有英武勇敢之

意。作为瓷器装饰纹样，始见于唐代，流行
于晚唐至北宋。在构图上有展翅飞舞的单只
鹦鹉，亦有首尾相对的成对鹦鹉，常与牡丹
纹、卷草纹等相结合，系受到当时金银器装
饰风格的影响。

越窑青釉刻花鹦鹉牡丹纹盒

Green glazed box with carved design of
parrot and peony
Yue Ware

北宋（960—1127）
高4.6厘米 口径12.1厘米 足径8.4厘米
—
Northern Song (960-1127)
H. 4.6cm, Mouth Dia. 12.1cm,
Foot-ring Dia. 8.4cm

132 越窑青釉划花双雁纹盒

Green glazed box with incised design of
paired wild geese
Yue Ware

北宋（960—1127）
高5.9厘米 口径9.1厘米 足径6.9厘米
—
Northern Song (960-1127)
H. 5.9cm, Mouth Dia. 9.1cm,
Foot-ring Dia. 6.9cm

盒盖面刻划一对相向而飞的大雁，周饰花草纹，外围以一周花叶纹。盒灰胎施青釉。高圈足外撇，底有垫圈垫烧痕。

雁在传统文化中被认为有信、礼、节、智四德，亦是吉祥之鸟，故雁纹成为一种广受欢迎的装饰题材。此盒所饰双雁纹，应是取大雁忠贞不渝、不离不弃之意，寄托着夫妻和美的期待。

越窑青釉划花双雁纹盒
Green glazed box with incised design of
paired wild geese
Yue Ware

133

越窑青釉印花飞鸟缠枝菊纹盒

Green glazed box with moulded design of
bird and chrysanthemum
Yue Ware

北宋（960—1127）
高3.9厘米 口径11.5厘米 底径6.9厘米
—
Northern Song (960-1127)
H. 3.9cm, Mouth Dia. 11.5cm,
Base Dia. 6.9cm

灰胎施青釉，釉面有细小开片。盖面中心模
印振翅飞鸟一只，周饰缠枝菊花纹，呈对称分布。
盒挖浅圈足，底留五个块状垫烧痕。

越窑青釉刻花飞雁蔓草纹盒

Green glazed box with carved design of
wild goose and vine scrolls
Yue Ware

北宋（960—1127）
高5.7厘米 口径13厘米 底径8.5厘米
—
Northern Song (960-1127)
H. 5.7cm, Mouth Dia. 13cm,
Base Dia. 8.5cm

　　盖面中心刻划飞雁一只，双翅翻飞，
以卷草纹为地，外刻一周蔓草。灰胎施青
绿色釉。圈足外撇，底有七个支烧痕。

越窑青釉刻花鸳鸯莲池纹盒

Green glazed box carved with mandarin ducks in lotus pond
Yue Ware

北宋（960—1127）
高4.8厘米 口径14.2厘米
足径11厘米
—
Northern Song (960-1127)
H. 4.8cm, Mouth Dia. 14.2cm,
Foot-ring Dia. 11cm

盒灰胎，釉色青中泛黄。盖顶略凹，刻划鸳鸯莲池纹，画面为中心对称布局。展翅戏水的一对鸳鸯、含苞待放的荷花、随风摇曳的莲叶跃然而出。外围线刻一周卷草纹。圈足外撇，底有垫圈垫烧痕。

晋崔豹撰《古今注》曰："鸳鸯，水鸟，凫类也。雌雄未尝相离，人得其一，则一思而至死，故曰雅鸟。"瓷器装饰中的鸳鸯一般成对出现，且多与莲池相配。

越窑青釉刻花鸟纹盒
Green glazed box with carved bird design
Yue Ware

北宋（960—1127）
高6.4厘米 口径13.2厘米
足径9.6厘米

—

Northern Song (960-1127)
H. 6.4cm, Mouth Dia. 13.2cm,
Foot-ring Dia. 9.6cm

盖面中心刻划一只展翅飞鸟，似为凤鸟，以卷草纹为地，外围线刻一周羽毛纹。盒灰胎施青绿色釉，清亮光润。圈足外撇，有五处泥点支烧痕。

越窑青釉印花绶带鸟穿花纹盒

Green glazed box with moulded design of
paradise flycatcher flying through flowers
Yue Ware

北宋（960—1127）
高4.9厘米 口径13.1厘米
足径10.3厘米
—
Northern Song (960-1127)
H. 4.9cm, Mouth Dia. 13.1cm,
Foot-ring Dia. 10.3cm

　　盒灰胎，釉色青褐。盖面模印一对绶带鸟翱翔于缠枝花卉间，外围线刻一周上下错落的花叶纹。圈足外撇，外底留垫烧痕。

　　绶带鸟是传统吉祥纹样之一，亦称"寿带鸟"。雀形目，鹟科，栖息于山区或丘陵地带树丛中，主要以昆虫为食。鸟之头、颈和羽冠均呈深蓝辉光，色彩绚烂，具华美之容。因绶带为标志官阶的饰物，绶带鸟寓意加官进爵；又因"绶"与"寿"同音，亦寓意长寿。故绶带鸟有福寿双全之意，被视为吉祥鸟。

138 越窑青釉印花花鸟纹盒
Green glazed box with moulded design
of bird and flowers
Yue Ware

北宋（960—1127）
高5.9厘米 口径11.6厘米
足径7.3厘米
—
Northern Song (960-1127)
H. 5.9cm, Mouth Dia. 11.6cm,
Foot-ring Dia. 7.3cm

越窑青釉划花对蝶纹盒

Green glazed box incised with
paired butterflies
Yue Ware

北宋（960—1127）
高4.8厘米　口径12.8厘米
足径9.2厘米
—
Northern Song (960-1127)
H. 4.8cm, Mouth Dia. 12.8cm,
Foot-ring Dia. 9.2cm

　　盒盖面刻划侧飞双蝶，以花叶分隔，
外围一周上下分布的简笔草叶纹。圈足外
撇，底有数段弧形垫烧痕。

　　相较于对蝶纹较为固定的样式，侧飞双
蝶一般都有花卉配合组图，样式变化稍多，
合称"蝶恋花"。此类图案出现时间较迟，
大约在北宋中期。

越窑青釉划花对蝶纹盒
Green glazed box incised with paired butterflies
Yue Ware

北宋（960—1127）
高5.2厘米 口径12.6厘米
足径7.4厘米
—
Northern Song (960-1127)
H. 5.2cm, Mouth Dia. 12.6cm,
Foot-ring Dia. 7.4cm

盒盖微隆成一平台，以细线刻划对蝶纹，外围以五组花叶，线条简约流畅。圈足外撇，底留垫烧痕。

蝴蝶作为"虫国的佳丽"，是高雅美丽的代表，也是幸福爱情的象征。蝴蝶纹在晚唐越窑青瓷上已有出现，宋代主要表现为俯视双蝶（或称对蝶）和侧视双蝶两种形式，以对蝶最为常见。此外，宋代还常制作对蝶银饰，用于佩戴。

141

越窑青釉印花龙纹盒
Green glazed box with
moulded dragon design
Yue Ware

北宋（960—1127）
高5.2厘米 口径9.2厘米
足径6.7厘米
—
Northern Song (960-1127)
H. 5.2cm, Mouth Dia. 9.2cm,
Foot-ring Dia. 6.7cm

　　盒灰胎，施青绿色釉，釉面光润。盖面模印龙纹，其长角耸立，怒目睚眦，鹰掌利爪，须鬣奋张。圈足外撇，底有垫圈垫烧痕。

　　龙被称为"鳞族之长""众兽之君"，为皇室帝德天威的标志。此类龙纹器物应属皇家所用之贡瓷。

越窑青釉刻花摩羯纹盒
Green glazed box carved with makara design Yue Ware

北宋（960—1127）
高5厘米 口径14.2厘米
足径7.3厘米
—
Northern Song (960-1127)
H. 5cm, Mouth Dia. 14.2cm,
Foot-ring Dia. 7.3cm

　　盒灰胎，青釉泛黄。盖面隆起，刻划海水双摩羯纹，围绕中心圆圈对称布局。在波浪翻滚的海水中，两尾摩羯相对而游，刻线清晰，姿态生动。盒身子口，下腹刻划二方连续的单株草叶。挖浅圈足，外底心有花押，留有七个长条形支烧痕。

　　"摩羯"为佛教用语，或称作"鱼龙变纹"，是一种头长犄角、鼻子上卷、獠牙弯曲、身披鱼鳞、有翼状双鳍的怪兽。在民间瓷器上，摩羯纹常用以替代龙纹作为吉祥图案。

　　浙江余姚博物馆亦藏有一件越窑青瓷摩羯纹盒，与此类似。

青白釉印花双凤纹花形盒

Bluish-white glazed, flower-form lobed box with moulded design of paired phoenixes

宋（960—1279）
高2.2厘米 口径8厘米
底径7.2厘米
—
Song (960-1279)
H. 2.2cm, Mouth Dia. 8cm,
Base Dia. 7.2cm

盒灰白胎，釉色白中透青。盖面呈八瓣花形，模印双凤纹。盒身为圆形，平底无釉。

韩国国立中央博物馆藏有一件白釉印花双凤纹花瓣形粉盒，纹样与此盒相似。

144 青白釉印花荔枝纹菊瓣形盒

Bluish-white glazed box with moulded design of litchi and chrysanthemum petal

宋（960—1279）
高3.7厘米 口径5.8厘米
底径4.3厘米
—
Song (960-1279)
H. 3.7cm, Mouth Dia. 5.8cm,
Base Dia. 4.3cm

　　盒呈菊瓣形，灰胎，青白釉，施
釉不及底。盖面模印折枝荔枝纹。盒
身弧腹内收，饼形底，略内凹。

145 青白釉印花花卉纹菊瓣形盒

Bluish-white glazed box with moulded design of floral spray and chrysanthemum petal

宋（960—1279）
高3.4厘米 口径6.5厘米
底径4.6厘米
—
Song (960-1279)
H. 3.4cm, Mouth Dia. 6.5cm,
Base Dia. 4.6cm

青白釉印花团花纹菊瓣形盒

Bluish-white glazed box with moulded flower
medallion and chrysanthemum petal

宋（960—1279）
高3.5厘米 口径6.2厘米
足径4厘米

—

Song (960-1279)
H. 3.5cm, Mouth Dia. 6.2cm,
Foot-ring Dia. 4cm

盒灰胎，施青白釉，釉不及底。盖面印团花
纹，盖及盒身外壁模印菊瓣纹。圈足，底印反写
的"李一"二字，可能为作坊主或定烧者的标记。

团花为中国传统纹饰之一，凡构图呈圆形的
图案谓之团花。除花卉外，还有团龙、团凤等。

147 **青白釉印花缠枝花卉纹盒**
Bluish-white glazed box with
moulded floral design

宋（960—1279）
高3.8厘米 口径8.5厘米
底径5.5厘米
—
Song (960-1279)
H. 3.8cm, Mouth Dia. 8.5cm,
Base Dia. 5.5cm

　　盒灰白胎，施青白釉，釉质滋润。盖面印缠
枝花卉纹，周饰一圈蔓草纹。圈足，足沿有支烧
痕，底无釉。

148 **青白釉印花十字花卉纹盒**
Bluish-white glazed box with moulded design of
cross and flowers

宋（960—1279）
高4.1厘米 口径7.2厘米
底径5.8厘米
—
Song (960-1279)
H. 4.1cm, Mouth Dia. 7.2cm,
Base Dia. 5.8cm

　　盒呈菊瓣形，灰白胎，釉色青中泛白。盖面
中心模印十字花卉，较少见。平底无釉，略内凹。

149

青白釉印花折枝桃花纹八棱盒

Bluish-white glazed octagonal box with
moulded design of peach blossom spray

宋（960—1279）
高2.7厘米 外径7.2厘米
底径5.2厘米
—
Bluish white glaze
Song (960-1279)
H. 2.7cm, Dia. 7.2cm,
Base Dia. 5.2cm

　　盒呈八棱形，灰胎，釉色青白偏灰。
盖面印折枝桃花纹。八边形足，底略内凹，
无釉。

150

青白釉印花折枝花卉纹盒

Bluish-white glazed box with moulded
floral spray

宋（960—1279）
高5.5厘米 口径7.9厘米
足径3.9厘米
—
Song (960-1279)
H. 5.5cm, Mouth Dia. 7.9cm,
Foot-ring Dia. 3.9cm

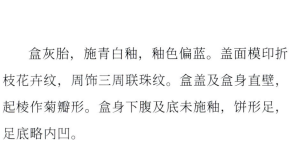

　　盒灰胎，施青白釉，釉色偏蓝。盖面模印折
枝花卉纹，周饰三周联珠纹。盒盖及盒身直壁，
起棱作菊瓣形。盒身下腹及底未施釉，饼形足，
足底略内凹。

151 青白釉印花碎花纹菊瓣形盒

Bluish-white glazed box with moulded design of
tiny flowers and chrysanthemum petal

宋（960—1279）
高4.7厘米 口径7.3厘米
底径5.2厘米
—
Song (960-1279)
H. 4.7cm, Mouth Dia. 7.3cm,
Base Dia. 5.2cm

盒灰胎，釉色白中闪青，施釉不及底。盖面
隆起一平台，模印米字形碎花纹。盖及盒身起棱
作菊瓣形，挖浅圈足，底部模印"吴家合子记"，
可见一周黑灰色垫烧痕。

"吴家合子"是宋代生产青白瓷盒的名窑作
坊，与其比肩的还有汪家、蔡家、段家合子等等。

青白釉印花莲池纹盒

Bluish-white glazed box with moulded design of a lotus pond

宋（960—1279）
高3.8厘米 口径6.3厘米
足径3.6厘米
—
Song (960-1279)
H. 3.8cm, Mouth Dia. 6.3cm,
Foot-ring Dia. 3.6cm

盒白胎，釉色天青。盖面模印三组莲纹，珍珠地，营造出"细雨打莲蓬"的意境。盒盖及盒身方唇，器身模印花瓣纹，圈足无釉。

153 景德镇窑青白釉印花碎花纹盒

Bluish-white glazed box with moulded tiny flowers
Jingdezhen Ware

宋（960—1279）
高3.4厘米 口径6.7厘米
底径5.5厘米

—

Song (960-1279)
H. 3.4cm, Mouth Dia. 6.7cm,
Base Dia. 5.5cm

　　盒白胎，釉色白中闪青，釉质光润。盖面满
印碎花纹，似漫天繁星缀于天幕，精雅可喜。

154 青白釉印花折枝花卉纹菊瓣形盒

Bluish-white glazed box with moulded
floral spray and chrysanthemum petal

宋（960—1279）
高3.5厘米 口径6.5厘米
足径4.9厘米

—

Song (960-1279)
H. 3.5cm, Mouth Dia. 6.5cm,
Foot-ring Dia. 4.9cm

青白釉印花把莲纹盒

Bluish-white glazed box with
moulded design of lotus bouquet

宋（960—1279）
高3厘米 口径6.8厘米
底径4.9厘米
—
Song (960-1279)
H. 3cm, Mouth Dia. 6.8cm,
Base Dia. 4.9cm

　　盖面印由莲叶、莲花组成的把莲纹，盖外壁
以竖条纹装饰。盒身弧腹，模印菊瓣纹。灰胎，
釉色灰青，底平，略内凹。

　　将莲花、莲叶捆扎在一起，谓之"把莲"。
常以折枝莲花、莲蓬、莲叶并水草数枝用绦带系
为一束，多见于宋元以来的瓷器装饰上。

156

青白釉印花花朵纹盒

Bluish-white glazed box with moulded floral design

宋（960—1279）
高2.9厘米 口径4.1厘米
底径2.8厘米

—

Song (960-1279)
H. 2.9cm, Mouth Dia. 4.1cm,
Base Dia. 2.8cm

　　盒造型小巧精致，灰白胎，施青白釉，釉色莹润。盖面模印整朵花卉纹，富有立体感。盒身直壁起棱作菊瓣形，平底无釉。

157

青白釉贴花桃花纹盒

Bluish-white glazed box with applied design of peach blossom

元（1271—1368）
高5.4厘米 口径9.1厘米
足径5.4厘米

—

Yuan (1279-1368)
H. 5.4cm, Mouth Dia. 9.1cm,
Foot-ring Dia. 5.4cm

　　盒灰白胎，施青白釉，釉色泛黄，下腹及底不施釉，露胎处呈火石红色。盖面微隆，贴折枝桃花，花瓣露胎。盒身直壁，腹下斜收，饼形足，足底内凹。

　　露胎贴花装饰流行于元代景德镇窑和龙泉窑。

合之用

Functions

开合之间，方寸海纳。在中国古代瓷盒千余年的发展历程中，其收纳物不断丰富，器用日趋广泛，成为人们生活不可或缺的物件。通过瓷盒出土情况、器身铭记，结合文人笔记、传世绘画、石窟壁画等的印证可知，瓷盒可专门用作食、药、妆、油、香、茶、首饰、文具等的日常贮存器，亦可作为供奉舍利及珍宝的佛事礼仪用具。而更多的情况下，瓷盒作为小型容器，往往因事就形，一盒多用。唐代以后，瓷盒由海路大量销往海外，其器用因国俗相异也会有所不同。

With a box being open and close, a variety of contents are held in a small space. In more than one thousand years, the ancient Chinese porcelain box grew into an indispensable utensil in people's life, as its extensive functions were designed to accommodate varied contents. It is fully verified by archaeological finds, marks and inscriptions on concrete boxes, literati's notes, existing ancient paintings, and frescoes in grottoes, that porcelain boxes not only served as daily utensils, to store food, medicine, cosmetics, oil, incense, jewelries, and writing implements, but also as a container for Sarira and ritual vessels in a Buddhist service. More often, though, the small-sized container usually provided more than one function for multi-purposes. After the Tang Dynasty, porcelain box was used overseas in a different way from its home market when a large quantity exported.

越窑青釉圆槅（缺盖）

Round partitioned box coated in
green glaze (cover missing)
Yue Ware

东晋（317—420）
高6厘米 口径26厘米
—
Eastern Jin (317-420)
H. 6cm, Mouth Dia. 26cm

　　槅缺盖，仅留盒身，灰胎青釉，子口，直壁，平底。中部为圆形，内三等分，外周七等分，呈扇形格。底部粘砂，有九个支烧痕。

　　1972年江苏省镇江市东晋隆安二年（398）墓出土了一件形制相同的带盖青瓷圆槅。此类瓷盒是模仿当时的漆槅制作。漆槅作为食盒使用，用来盛放果子、点心等，但瓷槅是否有实用功能尚待研究，更可能是作为死者的食器用于随葬。

青白釉点褐彩盒
Box with brown splashes in bluish white glaze

北宋（960—1127）
高4.2厘米 口径6厘米 底径3.6厘米
—
Northern Song (960-1127)
H. 4.2cm, Mouth Dia. 6cm,
Base Dia. 3.6cm

　　盒灰白胎，青白釉微泛黄。盒盖以点褐彩进行装饰，盒身直壁，圈足。此盒形制朴素，与浙江省博物馆藏北宋定窑"尚药局"（古代负责管理宫廷药品与药政的专门机构）铭药盒相近，故推测其亦可为装药之皿。

160 越窑青釉划花双凤纹盒

Green glazed box with incised design of
paired phoenixes
Yue Ware

北宋（960—1127）
高16.3厘米 口径21.6厘米
足径17.5厘米
—
Northern Song(960-1127)
H. 16.3cm, Mouth Dia. 21.6cm,
Foot-ring Dia. 17.5cm

器经修复而成，灰胎，施灰青色釉，釉色匀净。
盖面圆拱，刻双弦纹将盖面一分为二，内以细线
划双凤戏珠纹；弦纹外侧及盒盖直壁均辅以云纹
装饰。盒身直壁，下腹内收，高圈足外卷，底有
十余个泥点垫烧痕，圈足外侧及垫圈内釉色有熏
黑。此盒器型硕大，应作盛装食物的捧盒使用。

景德镇窑白釉盒
White glazed box
Jingdezhen Ware

五代至北宋（907—1127）
高16.9厘米 口径19.8厘米
底径9.1厘米
—
From Five Dynasties to Northern
Song (907-1127)
H. 16.9cm, Mouth Dia. 19.8cm,
Base Dia. 9.1cm

　　盒形制较大，细白胎，釉色微泛青，釉质滋润光亮，通体素面无纹。盒盖似覆盏形，顶饰圆饼形钮。盒身弧腹内收，圈足，底部无釉，可见一周垫烧痕。此盒造型与河北定州博物馆藏静志寺塔基出土定窑白釉带钮舍利盒相似，亦可能作盛装舍利子之用。

越窑青釉盒
Green glazed box
Yue Ware

唐（618—907）
高10厘米 口径9.8厘米 底径5.1厘米
—
Tang (618-907)
H. 10cm, Mouth Dia. 9.8cm, Base Dia. 5.1cm

　　盒灰胎，青黄色釉。盖顶饰宝珠钮，盖面隆起较高，呈斜坡状。盒身鼓腹下收。玉璧底，有五个支烧痕。河北定州北宋静志寺塔地宫出土有一件造型、尺寸类似的唐代越窑青瓷盒，与其同出的同类造型定窑瓷盒内装有玛瑙颗粒等造作的舍利子，因此可以推断该越窑盒也应为舍利盒。

景德镇窑青白釉瓜形盒
Bluish-white glazed melon box
Jingdezhen Ware

宋（960—1279）
高4.8厘米 口径7.2厘米
底径4.3厘米

—

Song (960-1279)
H. 4.8cm, Mouth Dia. 7.2cm,
Base Dia. 4.3cm

　　盒呈南瓜形，分布 12 条瓜棱。盖顶下凹，有瓜蒂形钮，盖、身以子母口相合。釉色青中闪白，积釉处呈青绿色。外底无釉，底心模印"汪家合子记"五字。此盒当是盛放香药之香盒。

　　宋代瓷盒产量巨大，行销南北各地。景德镇出现了专门制作盒子的作坊，以姓氏为标记，迄今所见有"吴""许""段""蔡""余""汪"等十余家作坊产品。

青白釉瓜形盒
Bluish-white glazed melon box

164

宋（960—1279）
高5.2厘米 口径6.7厘米 底径4.8厘米
—
Song (960-1279)
H. 5.2cm, Mouth Dia. 6.7cm,
Base Dia. 4.8cm

　　盒呈南瓜形，仿金银器制作而成，盖顶内凹，饰一瓜蒂钮。灰白胎，釉色白中泛青，局部泛黄，平底露胎。

　　日本西大寺藏南宋刻《释迦牟尼说法图》中可见佛前设有瓜棱式香盒。1987年黄岩灵石寺塔第四层北天宫铁函内出土的青白釉瓜棱形盒即为与图中所示类似的盛香用具。传世所见还有盖、底分别錾刻"香""合"二字的瓜棱式小金盒。

越窑青釉刻花莲瓣纹盒
Green glazed box with carved lotus petals
Yue Ware

165

北宋（960—1127）
高7.2厘米 口径8.4厘米 足径4.7厘米
—
Northern Song (960-1127)
H. 7.2cm, Mouth Dia. 8.4cm,
Foot-ring Dia. 4.7cm

　　盒灰胎，青绿色釉，施釉不及底，底部有垫烧痕。盖顶置瓜蒂形钮，周围浮雕双重莲瓣纹。斜曲腹，挖浅圈足。宋代香事盛行，盛放各类香料、香饼、香丸的"香合"为人们日常必备。根据现存宋代图像研究，这类呈花形的深腹瓷盒应是作香盒使用。

越窑青釉盒
Green glazed box
Yue Ware

唐（618—907）
高5.8厘米 口径10.4厘米
—
Tang (618-907)
H. 5.8cm, Mouth Dia. 10.4cm

　　盒灰胎，釉色青中泛黄。馒头形盖，盒身口沿内敛，形如水盂，此为盛放发油而设计，可防油外溢。油盒之名，源于唐代长沙窑以绿彩自书"油合"二字之器。

白釉盒
White glazed box

唐（618—907）
高5.4厘米　口径7.7厘米
足径3.5厘米
—
Tang (618-907)
H. 5.4cm, Mouth Dia. 7.7cm,
Foot-ring Dia. 3.5cm

越窑青釉盒一组

A set of green glazed boxes
Yue Ware

唐（618—907）
高2.0—3.1厘米 口径2.8—4.4厘米
—
Tang (618-907)
H. 2.0-3.1cm,
Mouth Dia. 2.8-4.4cm

此为唐代越窑生产的一组小瓷盒。除花形盒外，多呈扁圆形。釉色各异，装饰技法不一，有素面无纹者，也有刻花、划花等，多饰花卉纹。器型小巧精致，为盛放香粉或妆粉的粉盒，便于携带。

169　越窑青釉刻花花卉纹盒

Green glazed box with carved floral design
Yue Ware

唐（618—907）
高3.3厘米　口径5.7厘米
—
Tang (618-907)
H. 3.3cm, Mouth Dia. 5.7cm

170　青白釉菊瓣形盒

Bluish-white glazed box with
moulded design of chrysanthemum petal

宋（960—1279）
高1.8厘米　口径3.3厘米
底径3厘米
—
Song (960-1279)
H. 1.8cm, Mouth Dia. 3.3cm,
Base Dia. 3cm

171 **青白釉印花折枝花卉纹菊瓣形盒**
Bluish-white glazed box with moulded design of
floral spray and chrysanthemum petal

宋（960—1279）
高2.5厘米 口径4.4厘米
底径3.3厘米
—
Song (960-1279)
H. 2.5cm, Mouth Dia. 4.4cm,
Base Dia. 3.3cm

盒灰白胎，施青白釉，盖面模印折枝花卉纹。
盒盖、盒身外壁均饰菊瓣纹。盒身下腹有剥釉，
浅圈足，底部露胎。

宋代瓷质粉盒十分流行，目前宋代墓葬特别
是女性墓葬多有出土，以青白瓷菊瓣形盒最为常
见，但质量参差不齐。

172 景德镇窑青白釉印花花卉纹花形盒

Bluish-white glazed, flower-form lobed box with
moulded floral design
Jingdezhen Ware

宋（960—1279）
高2.5厘米 口径5厘米
底径3.2厘米
—
Song (960-1279)
H. 2.5cm, Mouth Dia. 5cm,
Base Dia. 3.2cm

盒呈六瓣花形，细白胎，釉色白中闪青，釉质滋润。盖面模印珍珠地折枝花卉纹，别具一格。

福建福州南宋淳祐三年（1243）黄昇墓中出土过一批妆粉实物，已固化成块状，形状各异，有圆、方、六角、花瓣形等，应为适应或盛装在不同造型的粉盒内所致。

173 青白釉印花花朵纹盒
Bluish-white glazed box with
moulded floral design

宋（960—1279）
高2.7厘米 口径4.1厘米
底径3.4厘米

—
Song (960-1279)
H. 2.7cm, Mouth Dia. 4.1cm,
Base Dia. 3.4cm

　　盒白胎，施青白釉，釉面滋润。盖面印一朵
盛开的菊花，中心为花蕊。盒身直腹，下部刻菊
瓣纹，平底略内凹。

174 青白釉印花折枝花卉纹盒
Bluish-white glazed box with
moulded design of floral spray

宋（960—1279）
高2.8厘米 口径4.5厘米
底径3.4厘米

—
Song (960-1279)
H. 2.8cm, Mouth Dia. 4.5cm,
Base Dia. 3.4cm

175

青白釉印花花卉纹菊瓣形盒
Bluish-white glazed box with moulded design of flower and chrysanthemum petal

宋（960—1279）
高2.8厘米 口径6.2厘米
底径3.7厘米
—
Song (960-1279)
H. 2.8cm, Mouth Dia. 6.2cm,
Base Dia. 3.7cm

　　盒呈扁圆形，灰白胎，施青白釉。盒盖呈圆弧形，盖面中心印花卉纹，周饰菊瓣纹。盒身模印草叶纹一周，平底略内凹，无釉。

176

青白釉印花折枝花卉纹盒
Bluish-white glazed box with moulded design of floral spray

宋（960—1279）
高2.4厘米 口径4.3厘米
底径2.8厘米
—
Song (960-1279)
H. 2.4cm, Mouth Dia. 4.3cm,
Base Dia. 2.8cm

177

青白釉印花荔枝纹菊瓣形盒
Bluish-white glazed box with moulded design of litchi and chrysanthemum petal

宋（960—1279）
高3.9厘米 口径5.6厘米
底径3.8厘米
—
Song (960-1279)
H. 3.9cm, Mouth Dia. 5.6cm,
Base Dia. 3.8cm

盒为菊瓣形，灰白胎，施青白釉，釉
薄处呈灰白色，积釉处呈青灰色。盖面印
折枝荔枝纹，较为少见。饼形底，无釉。

178

青白釉印花碎花纹菊瓣形盒
Bluish-white glazed box with moulded design of tiny flowers and chrysanthemum petal

宋（960—1279）
高3.9厘米 口径7厘米
底径6厘米
—
Song (960-1279)
H. 3.9cm, Mouth Dia. 7cm,
Base Dia. 6cm

盒呈菊瓣形，白胎，典型青白釉，匀净纯正。
盖面印点状碎花纹。底无釉，有粘砂。

179 景德镇窑青白釉印花莲池纹子母盒

Bluish-white glazed nesting box with moulded design of lotus pond
Jingdezhen Ware

宋（960—1279）
高4.5厘米 口径9.3厘米
一
Song (960-1279)
H. 4.5cm, Mouth Dia. 9.3cm

　　盒白胎，釉面匀净，白中微泛青。盖面印花清晰，以凸起的细线勾勒出荷花、莲叶与水波，外围一周"三"字纹，十分特别。盒身为菊瓣式，内有三个荷叶状粉池，以三根莲茎作分隔，中心饰莲叶、莲蓬，部分残缺。此类子母盒用来盛放粉、黛、朱等三类脂粉。

180 越窑青釉果形三联盒
Fruit-shaped triple box in green glaze
Yue Ware

北宋（960—1127）
高4.5厘米 长6.9厘米
—
Northern Song (960-1127)
H. 4.5cm, L. 6.9cm

　　盒灰胎，青黄色釉，由三个相同的果形小盒
相联而成。盖顶堆塑花叶和梗茎，花梗交于三盒
之中心。盒身有子口，弧腹，平底无釉。此类三
联粉盒功能与子母盒相同，可将敷脸用的粉、画
眉用的黛和抹唇用的朱红分置于三只小盒中，使
用方便合理。

181

青白釉点褐彩果形三联盒
Fruit-shaped triple box with
brown decoration against bluish white glaze

北宋（960—1127）
高5.1厘米 长7.2厘米

—

Northern Song (960-1127)
H. 5.1cm, L. 7.2cm

182

青白釉印花折枝花卉纹八棱盒
Bluish-white glazed octagonal box with
moulded design of floral spray

宋（960—1279）
高4.3厘米 口径6.4厘米
底径4.9厘米

—

Song (960-1279)
H. 4.3cm, Mouth Dia. 6.4cm,
Base Dia. 4.9cm

　　盒呈八棱形，线条硬朗，棱角分明。
灰白胎，釉色青白，釉质莹润。盖面模印
珍珠地折枝花卉纹，仿金银器特征明显。
制作精雅，为粉盒中上乘之作。

越窑青釉刻花凤衔牡丹纹盒

Green glazed box carved with phoenix
holding peony in its beak
Yue Ware

北宋（960—1127）
高5.9厘米 口径13.5厘米
底径10.5厘米
—
Northern Song (960-1127)
H. 5.9cm, Mouth Dia. 13.5cm,
Base Dia. 10.5cm

盒灰胎，釉色青中泛黄。盖面隆起，刻一对相向飞舞的凤鸟，口衔牡丹，颇具动感。高圈足外撇，底部留有六个长条形垫烧痕。

南京博物院藏元代磁州窑白地黑花莲纹镜盒亦为扁圆形、直腹，圈足。在盒盖中心如意形钮两侧，分别书有"镜""盒"二字，或可作为判断此类瓷盒功用之参考。

184 越窑青釉印花四鸟穿花纹盒

Green glazed box with moulded design of
four birds in floral scroll
Yue Ware

北宋（960—1127）
高4.3厘米 口径12.7厘米
足径6厘米

—

Northern Song (960-1127)
H. 4.3cm, Mouth Dia. 12.7cm,
Foot-ring Dia. 6cm

盒灰胎，釉色青中泛黄。盖面以中心对称的
构图模印四只飞鸟穿行于缠枝花卉间。挖浅圈
足，足底有垫圈支烧痕。

宋代有一批直径约为 12 至 14 厘米的扁圆形
瓷盒，各窑口均有生产，但以越窑产品居多。其
盖面微隆或拱起如馒头，直壁，底足为圈足或挖
足（又称卧足）。一般来说，这类盒直径较粉盒
大，深度较香盒浅，可能多为放置铜镜之用，彼
时常见直径约 11 至 13 厘米的铜镜。

越窑青釉刻花鹦鹉蔓草纹盒
Green glazed box carved with parrot and vine scroll
Yue Ware

北宋（960—1127）
高5.9厘米 口径13.5厘米
底径7.8厘米
—
Northern Song (960-1127)
H. 5.9cm, Mouth Dia. 13.5cm,
Base Dia. 7.8cm

盒呈扁圆形，灰胎，釉色青绿莹润。
盖面中心刻划一振翅欲飞的鹦鹉，辅以蔓
草，外围也饰一周缠枝蔓草纹。圈足外撇，
底部见垫圈支烧痕。

此盒尺寸亦适合放置铜镜、首饰等物。

186 青白釉刻花把莲纹套盒

Bluish-white glazed nesting box
with carved design of lotus bouquet

宋（960—1279）
高5.8厘米 口径13厘米
底径6.6厘米
—
Song (960-1279)
H. 5.8cm, Mouth Dia. 13cm,
Base Dia. 6.6cm

盒为扁圆形两层套盒，灰胎，釉为豆青色。
盒盖微隆，盖面刻划一束把莲纹，线条潇洒爽利；
盒身上层呈碟形，折沿；下层有子口，直壁。圈
足无釉，足端有垫砂。

此类套盒主要应是作为妆奁使用。按其尺寸，
推测可以放置铜镜、粉扑、粉块、首饰等物。福州
市茶园山南宋咸淳八年（1272）许峻墓出土有一件
银鎏金葵瓣式套盒，大小与此相近，内有一碟形夹
层，出土时盒内放置着一枚同形葵花式铜镜。

白釉印花双凤纹花形盒

Bluish-white glazed, flower-form lobed box with moulded design of paired phoenixes

宋（960—1279）
高2.5厘米 口径7.8厘米
底径7厘米
—
Song (960-1279)
H. 2.5cm, Mouth Dia. 7.8cm,
Base Dia. 7cm

盒胎灰白，施白釉，釉色匀润。盖面呈八瓣花形，模印双凤纹花卉纹。盒身直腹，平底无釉。1991年四川遂宁金鱼村窖藏出土有一件南宋青白釉印花双凤纹圆盒，尺寸、纹饰均与此盒接近。该窖藏共发现约600件景德镇窑青白瓷，绝大部分为碗、碟、盘、瓶等，并以一组小件文房用品为特色。窖藏中仅见一件瓷盒，有学者由此同出情况判断其为印盒。但从形制看，这类瓷盒更可能是一盒多用。

青白釉印花折枝花卉纹菊瓣形盒

Bluish-white glazed box with moulded design of
floral spray and chrysanthemum petal

宋（960—1279）
高4.5厘米 口径9.3厘米
底径7.3厘米
—
Song (960-1279)
H. 4.5cm, Mouth Dia. 9.3cm,
Base Dia. 7.3cm

盒扁圆，呈菊瓣形，白胎，釉色青中泛白。
盖面模印折枝花卉纹，花朵盛放，枝叶曼妙。此
类盒式，可使用场合较多，似未有固定用途。

索引
INDEX

第三单元 合之色
Chapter III Glazes and Colors

第四单元 合之文
Chapter IV Motifs and Decoration Methods

图书在版编目(CIP)数据

合子记：陈国桢藏中国古代瓷盒 / 上海交通大学档
案文博管理中心编. -- 上海：上海书画出版社, 2023.5
ISBN 978-7-5479-3068-7

Ⅰ.①合… Ⅱ.①上… Ⅲ.①古代陶瓷—文化用品—
介绍—中国 Ⅳ.①K876.3

中国国家版本馆CIP数据核字(2023)第064434号

丹青品格 怡养我心

敬请关注上海书画出版社

合子记：陈国桢藏中国古代瓷盒

上海交通大学档案文博管理中心　编

责任编辑	邱宁斌　黄醒佳
审　读	王　剑
装帧设计	陈绿竞
技术编辑	顾　杰
封面题字	余秋雨

出版发行	上 海 世 纪 出 版 集 团 上海书画出版社
地址	上海市闵行区号景路159弄A座4楼　201101
网址	www.shshuhua.com
E-mail	shuhua@shshuhua.com
印刷	上海雅昌艺术印刷有限公司
经销	各地新华书店
开本	965×635　1/8
印张	30
版次	2023年9月第1版　2023年9月第1次印刷
书号	ISBN 978-7-5479-3068-7
定价	280.00元

若有印刷、装订质量问题，请与承印厂联系